读名人传记
树远大理想

王忠慧　等/著

图书在版编目（CIP）数据

读名人传记　树远大理想 / 王忠慧等著. -- 北京：华文出版社，2019.10（2023.6重印）
ISBN 978-7-5075-5201-0

Ⅰ. ①读… Ⅱ. ①王… Ⅲ. ①阅读课－教学研究－小学
Ⅳ. ①G623.232

中国版本图书馆CIP数据核字(2019)第231223号

读名人传记　树远大理想
DU MINGREN ZHUANJI　SHU YUANDA LIXIANG

著　　者：王忠慧　等
责任编辑：刘超平　寇　宁
出版发行：华文出版社
地　　址：北京市西城区广外大街305号8区2号楼
邮政编码：100055
网　　址：http://www.hwcbs.cn
投稿信箱：hwcbs@126.com
电　　话：总编室 010-58336239　责任编辑 010-58336222
发行部 010-58336202
经　　销：新华书店
印　　刷：永清县晔盛亚胶印有限公司
开　　本：710mm × 1000mm　1/16
印　　张：10.5
字　　数：130千字
版　　次：2019年 10 月第 1 版
印　　次：2023年　6 月第 3 次印刷
标准书号：ISBN 978-7-5075-5201-0
定　　价：48.00元

序一　小学生的传记阅读

北京教育学院附属海淀实验小学（以下简称附小）的传记阅读教学是在我的提议下开始实施的，现在能够开花结果，我感到惊喜和骄傲。

启动这项“阅读工程”前，我们经过了比较长时间的思考，其中第一个要回答的问题就是小学生为什么要读传记，对这个问题我的答案有四个。

其一，读人物传记有利于对小学生进行生命价值观的正确引领。传主大多不是平庸的人，他们真实的人生选择与生命状态能让学生在第一个人生阶段看到“高标”——为人类而不仅仅为自身，追求精神生活胜于物质生活，面对苦难坚忍刚毅，不忘初心方得始终……雅斯贝尔斯说“决定教育成功的因素，不在于语言的天才、数学的头脑或者实用的本领，而在于具备精神震撼的内在准备”，传主经历的真实性决定了其带给学生精神震撼的真实性，增加了教育产生真实效果的可能性。“高标”成为学生最早接触的价值观念，对其未来成长意义非凡。

其二，读人物传记有利于向小学生展现人格气度的经典范例。传主大多拥有与众不同的人生经历和丰富独特的人生体验，他们具有卓尔不凡的个性品质、旺盛蓬勃的生命力量、超越常人的理想信念，表现出与常人完全不同的状态。爱因斯坦在悼念居里夫人时曾说：“第一流人物对于时代和历史进程的意义，在其道德品质方面，也许比单纯的才智成就方面还要大。即使是后者，它取决于品格的程度，也远超过通常所认为的那样。”学生“见过”跟日常生活所见不一样的人，“见过”远超常人的人格气度，更可能产生对美好人格的向往，形成对未来人生的期许。心里有“楷模”，我相信他们的人生会不一样。

其三，思想历程的深切体验。阅读传记的过程如同“重走大师路”，学生能够看到“名人成为名人”的探索、认识过程，能够看到名人思想发展历程中的实践体验与哲学思考。跟着传主的成长道路走一遍，对学生思维品质提升、思维能力发展的益处显而易见。茨威格的《巴尔扎克传》中描述：“在巴尔扎克的书房里，壁炉的上方摆放着唯一的装饰品——拿破仑的小塑像，这位征服者的凝视，使他感觉到了一种挑战。为了勉励自己，他在一张纸条上这样写道：‘他以剑开创的伟业，我将以笔来完成。’”伟人对伟人心灵的感召，会对小学生产生深刻的影响。

其四，职业生涯的真实感受。传主的生活与工作密不可分，传记不仅记录传主的人生经历，而且展示了他们不同的职业生涯，因此，传记阅读为学生提供了走近各个职业领域的机会。王元的《华罗庚》一书，在讲述华罗庚生平的同时介绍了近现代我国数学发展的简要历程，能够帮助学生了解中国现代数学史知识，激发学生对数学的热爱。同样，《中国铁路之父：詹天佑传》在讲述詹天佑人生历程的同时呈现了我国现代铁路的发展历史，联系现在高铁的发展，学生可能会因此开始关注交通工程的研究领域。

传记的真实性决定了学生在其中看到的不只是“伟大”，还有伟人的平凡甚至“不堪”。优秀的传记作品“不为尊者讳”，会如实记录传主的光辉和惨淡，如实呈现他们的卓越与卑微。《大仲马传》的译者秦关根说：“我本来不喜欢大仲马，总觉得他的作品思想境界不够高，人物刻划不够深……然而，我又知道，他的作品似乎有一种永恒的魅力，历来吸引着最广泛的读者，从普通的中学生到马克思这样的革命导师都喜欢他的书……是的，他浅薄、吹牛、好色，这些都令人讨厌，可是，他勤奋、慷慨、乐天、爱法兰西、爱共和国，还有，最可贵的，他真实。”[①] 学生从小看到的是真实的人生，自然能获得真实的力量。

第二个要回答的问题是小学生怎么读传记。一般来说，传记是高中语文选修课甚至是大学生道德修养课的阅读内容。传记中的历史因素、心理因素、道德因素和美学因素通常是需要学习的主要内容，而这些对小学生来说太难太深。我认为可以根据小学生思想发育和精神成长的水平确定小学生传记阅读指导的教学价值，也许小学生在阅读中不能完全体会传记各个方面的价值，但可取其一二，存储于记忆中，让传记内容如“缓释胶囊”般慢慢在学生的成长中发挥作用。这样一来，如果在成长的过程中遇到了问题，学生会知道从哪本传记中可以找到答案，能够获得力量——重读传记，再次跟自己的榜样对话。在不同的时间、地点、心境下，产生不同的对话，学生却同样会受到触动、得到启发。在具体的阅读指导方案与教学设计方面，附小的教师们为大家提供了示例，其中研究课大体上分三种目标定位：一是整体梳理，建构概念，比如《民族魂——鲁迅传》中对“民族魂”的解释；二是建立联结，推进思考，比如《杜甫传》中讨论“诗歌风格变化和人生经历的对应关系”；三是分析形象，凝练精神品质，比如《中国铁路之父：詹天佑传》中对传主精神品质的提炼概括。研究课的目标定位既体现出传记阅读的共同要求，又关注了不同传记对学生发展的独特价值。这些研究成果，对准备开展传记阅

① 赵秀山. 关于人学生阅读传记作品热的思考［J］. 教育科学，1992（2）：20.

读的学校有很大的帮助，其借鉴意义不言而喻。

附小的传记阅读工程刚刚起步，可圈可点之处颇多，需要完善、提升的地方也不少。期待若干年后，传记阅读能成为附小的“特色课程”，书目选择合理、内容体系完备、活动方案完善，课堂教学形成特色，彰显传记的教育价值，助力学校育人文化的形成。

期待附小传记阅读教学继续蓬勃发展。

吴欣歆
北京教育学院人文与社会科学学院

序二　读名人传记　树远大理想

著名的教育家叶圣陶先生说："教育是什么？往简单方面说，只须一句话，就是要养成良好的习惯。"习惯是素质的重要组成部分，习惯的养成越来越成为教育的主题。儿童期是形成习惯的关键时期，而小学教育是人生教育的基础阶段，对儿童的发展起着非常重要的作用，它是孩子良好习惯养成的"培养基地"。阅读有利于儿童开阔视野、增长知识、陶冶情操，是获取精神和智力成长的主要营养源。阅读能够成为一种生活方式，孩子在阅读中能了解他人，感悟生活，认识社会，明晰人生哲理。

在北师大版小学语文教科书中有一类"人物小传"的文章，如《李时珍》《阅读大地的徐霞客》《白衣天使》《詹天佑》等，这些文章中都包含对人物及其功绩的历史评价。学生在阅读这类文章中产生了浓厚的兴趣，有了进一步探究的欲望。小学生正处于求知欲旺盛的时期，对于他们的好奇心我们应该多加引导，帮助他们树立正确的价值观。儿童的正确价值观来自成人和童年伙伴的影响，还来自书中精神力量的熏陶，因此我们开展整本书阅读行动研究，选择名人传记这类体裁作为整本书阅读的载体。首先，名人传记都来源于社会现实，具有历史的真实性。读名人传记可以让儿童对现实社会有正确的了解和认识，有利于儿童培养正确的价值观。其次，读名人传记能够让儿童学习名人的人生经验和智慧，获得人生启迪。

再次，读名人传记能够帮助儿童树立远大的志向。一个人要成就一番伟业，不仅需要聪明智慧，还需要从小有志向。古人云："少年养志。"要养志，读名人传记是一个很好的方法。最后，读名人传记能够帮助孩子找到人生的榜样。这样一来，当孩子遇到困惑时，就可以从榜样人物的经历中找到启示，克服困难。

从2017年起，我带领本校蒋丽、高晓等几位教师开展了名人传记阅读教学的实践，以《詹天佑》单篇为例，启动了从课内单篇课文《詹天佑》到《中国铁路之父：詹天佑传》的阅读指导行动研究。学生从单篇课文的学习过渡到整本书阅读，全面了解了詹天佑的人生经历，同时也更深刻地体悟到詹天佑的爱国情怀和勇于创新的科学精神，在情感上受到了詹天佑人格精神的熏陶。另外，学生也了解了传记阅读的基本方法，在具体情境中锻炼了自己的语言表达能力。同时学生的阅读兴趣也因此变得更加浓厚。

榜样的力量是无穷的，几位先行者在名人传记阅读研讨教学中的行动，以及学生可喜的变化吸引了更多的教师投入名人传记的教学研讨中。慢慢地，名人传记的阅读教学实践在整个语文教学团队中全面开展起来。四年级对《老舍——新中国第一位"人民艺术家"》进行了阅读，五年级开启了对《民族魂——鲁迅传》《杜甫传》的研讨，一、二、三年级根据自己学段的特点阅读了《榜样的力量》系列丛书。在实践探索中，教师们始终坚持立足于课内向课外延伸，先确定阅读的篇目，圈定课外阅读的书目后，通过多种方式帮孩子合理规划，养成阅读习惯。在课堂教学中，教师进行了促进学生发展的深度阅读指导。因此，在这本书里我们收录了部分教师的课堂教学实录和教学设计。

本书记录了自传记阅读教学开展以来我们一路走来的轨迹，从我们因何展开传记阅读教学，如何展开阅读指导，以及开展传记阅读教学的效果三方面介绍了我们开展名人传记阅读教学的情况。

毕恒达在《教授为什么没告诉我:论文写作枕边书》中说道:“研究不只是对于‘外在’现象的了解,它其实反映了我们的先前理解。亦即不是在白纸上加了一些图案而已，它让我们反省我们原来是这样看世界的,其间也必然导致了研究者的自我学习与转变。”[①] 在对名人传记阅读的行动研究中，参与的教师都有不同程度的转变与提升。教师们思考问题的角度在发生变化，在进行教学设计时开始更多地关注所选文本的文学价值和教学价值，注重培养学生的阅读方法，使学生得法于课内，得益于课外。在名人传记阅读的教学过程中，教师与学生共同学习、共同进步，在教学中丰富了自己的学科素养。

人的生命被赋予了一种责任，就是实现精神的成长。一个人只有精神上不断成长，理想、道德、文化憧憬才会与他相守相伴，使他逐步成为一个情感丰富、道德高尚的人。小学生阅读习惯的养成,整本书阅读策略的丰富，学生深度阅读的发展……这些都是我们现在以及今后相当长的时间内应当着力探索的。

北京教育学院附属海淀实验小学

① 毕恒达．教授为什么没告诉我：论文写作枕边书[M]．北京：法律出版社，2007：2-5．

目　录

第一章　因何要读名人传记

第二章　有指导的名人传记阅读

第三章　读名人传记效果初显

附 录

第一章

因何要读名人传记

第一节　培养未来社会合格人才的需要

社会的持续发展需要未来的人才具有终身学习的能力。多读书、读好书有利于学生开阔视野、丰富知识、发展智力、提高能力，能够促进身心全面发展，为终身学习打下坚实的基础。苏联教育家苏霍姆林斯基曾经说过："让学生变聪明的方法，不是补课，不是增加作业量，而是阅读、阅读、再阅读。"《义务教育语文课程标准(2011 年版)》在课程总目标与内容中明确规定："具有独立阅读的能力，学会运用多种阅读方法。有较为丰富的积累和良好的语感，注重情感体验，发展感受和理解的能力。能阅读日常的书报杂志，能初步鉴赏文学作品，丰富自己的精神世界……九年课外阅读总量应在 400 万字以上。"在语文学科的课外读物中，人物传记占有非常重要的地位，它是对典型人物的生平、生活、精神等领域进行系统描述、介绍的一种文学形式，是提高学生思想水平、文化修养的一种重要读物，"一本优秀的传记不仅能让人们认识世界，还会让人们更深刻地了解人生"。名人传记不仅能够培养学生的语文素养，而且能够给予儿童文化的根系、道德的准绳和智慧的人生。

一、面向未来社会，提高学生语文素养

传记文学教学在语文教学中有特殊作用，在提高学生的语文

素养和人文素养方面开辟了一个新的领域，找到了一个新的起点。“名人传记”在本质上属于叙事性作品，因此，阅读人物传记，除了品读人物形象外，学生还需要关注场景和细节，关注事件叙述和场景描写是如何为塑造人物形象服务的。所谓细节，是叙事性作品中那些细微而又具体的典型情节。细节渗透在对人物、事件或场景的具体描写之中，作者往往用极其精彩、细腻的笔墨通过细节将人物的真、善、美或假、恶、丑全盘展现。对名人传记阅读进行教学指导能够很好地落实课程标准中相关的阅读要求，既有助于学生积累叙事性作品的阅读经验，又能切实提高学生感受形象、体验情感及品味语言的水平。同时，名人传记记录了在某一领域有特殊贡献之人的真实事迹，学生从他们身上可以学到许多优秀的品质，他们的故事也可以作为上好的作文素材。

新课改要求小学语文教学要加强对学生整本书阅读的指导，从而扩大学生的知识外延，提高小学语文的教学效率。名人传记阅读对提高学生的语文综合能力具有至关重要的作用，它能提高学生语言文字的理解和表达能力，促进学生的思想情感和价值观建设。阅读在人们的生活中起着越来越重要的作用，成为学生获取信息的一个重要途径。“读一切好书，就是和许多高尚的人说话。”法国数学家、哲学家笛卡尔的这句格言，精辟地阐述了好的书籍对陶冶人的情操、启迪人们心灵的重要作用。一本好书可以吸引学生的注意力，让学生每天拿出一定的时间阅读，逐步养成良好的阅读习惯。在小学高年级开展传记阅读指导对于小学生的成绩提升也非常关键，可以为他们打下良好的文学基础，从而适应今后的阅读和学习生活。

二、传承传统文化，增强文化自信

传统文化是指在长期历史发展过程中形成和发展起来、保留在每一个民族中间的具有稳定形态的文化。对于一个民族来说，优秀的传统文化就是它的精神之源，是它的“身份证”和象征，是它区别于其他民族的标志。一个民族如果丧失了自己的传统文化，无异于将自己推到了灭种的边缘。因此，每一个民族都十分重视传统文化的传承问题。中华民族是一个有着五千年悠久历史和灿烂文化的民族。它的文化根基既体现在以实物或方法、理念的形式存在的甲骨文、钟鼎文、汉代竹简、长城、兵马俑、书法、篆刻印章、中国结、京戏脸谱、皮影、武术、桃花扇、景泰蓝、玉雕、中国漆器等载体上，也体现在以伟大人物及其主要事迹、思想的形式存在的文字记录上，如《左传》《史记》《资治通鉴》《东周列国志》《诸葛亮传》《李白传》《杜甫传》等，而现代的则有《民族魂——鲁迅传》《中国铁路之父：詹天佑传》《李四光传》《竺可桢传》《魂牵心系原子梦：钱三强传》《梁思成传》等诸多中华民族优秀人物的传记。随着数字化、信息化的发展，许多线上的优秀人物群体传也出现了，如“英模人物、教坛名师、人民公仆、巾帼风采、创业之星、社会名流、商界精英、杏林名医、专家学者、企业领袖”等。他们是中华民族优秀精神的榜样，是中华民族伟大创造精神、奋斗精神、团结精神、梦想精神的代表，是中国人民在长期奋斗中培育、继承、发展起来的伟大民族精神的象征，为中国发展和人类文明进步提供了强大的精神动力。这些优秀的人物组成了一个庞大的名人群体，人们阅读他们的传记有利于传承历史，传承优秀文化。

文化自信是一个民族、一个国家以及一个政党对自身文化价值的充分肯定和积极践行，以及对其文化的生命力持有的坚定信心。党的十八大以来，习近平总书记多次提到文化自信。中国有坚定的道路自信、理论自信、制度自信，也有建立在几千年文明传承基础上的文化自信。在庆祝中国共产党成立 95 周年大会的讲话中，习近平总书记对文化自信特别加以阐释，指出“文化自信，是更基础、更广泛、更深厚的自信”。语文教育家于漪老师说：“素质不是一种技巧，可以轻松掌握，素质是一种心灵的塑造，在塑造人的心灵过程中，中华优秀文化确实能起到以一当十的作用。”古今中外的优秀传记文学作品所表现的作家的情感或作品中人物的情感，往往是时代精神的折射，经常能体现民族精神或全人类的某种普遍文化心理。在名人传记的教学中，有的教师对文本知识的挖掘比较深入，但对文本中蕴含的文化底蕴由于种种原因难以很好地指导、领悟，忽视传记文学的文化陶冶作用。事实上，在传记文学教学中，应主要引导学生学习和传承优秀的民族文化，特别是继承和弘扬自强不息、厚德载物的民族精神，让学生形成正确的价值取向、进取务实的人生态度、见贤思齐的理想人格、乐善好施的道德规范、见义勇为的做人品性、礼仪谦让的伦理准则，提高自身道德修养，使民族精神发扬光大。

名人传记选择范围广泛，既有现代的也有古代的。无论是白话文的人物传记还是文言文的人物传记，所选人物在思想、科学、艺术、教育等各领域的代表性都很强，其精神品质都值得学生学习。除此之外，学生还可以从传记中了解不同人物所处的生活环境和当时的社会文化背景。众多名人的社会经历综合在一起，可以使学生对中华民族的文化和社会生活有一个大致的了解。传记文学文本的选择标准，应以培养学生热爱祖国语言文字、热爱中华文化的优秀成果为基础，这样有助于增强学生继承与弘扬民族优秀文化的自信心和自觉性，增强实现中华民族伟大复兴的使命感和责任感。当然，“强调民族化的同时，还要重视多元文化的交流与融合，要引导学生培养开放的文化心态、开阔的文化视野，以科学辩证的态度看待古今中外各种文化现象及其成果，在尊重和理解的基础上，能够取其精华，去其糟粕，为我所用。”

三、学习名人经验，启迪智慧，学会学习

未来社会要求学生学会学习、自主学习，从书本中学、从他人身上学、从社会现实中学，利用一切机会开展学习，以适应瞬息万变的社会。教育改革的根本是使学生养成独立自主学习的能力，教师作为引导者，应该帮助学生培养能力，而不仅仅是教授知识。除了提高课堂效率，还有什么方法能培养学生自主学习的习惯呢？现代社会是信息社会，需要不断地获取信息。尽管当前获取信息的渠道形式多样，而且速度相当惊人，但仍不能忽视文本对学生的影响。阅读能力是学生良好自主学习习惯的体现，而阅读是学生获取信息的有力来源。

读传记能够让学生获得很多人生启迪。如果说经典是古人留给人们的“言传”，那么传记给人们留下的就是“身教”了。读一本名人的传记就是在学习一个人的人生经验和智慧。近代著名国学大师梁启超提倡读传记，他在《国学入门书要目及其读法》一文中谈及“二十四史”读法时指出：“读名人传记，最能激发人志气，且于应事接物之智慧增长不少，古人所以贵读史者以此。”梁启超这段话的意思是读名人传记可以让人聪明起来，讲的是读名人传记的阅读功效。在阅读人物传记时，学生在和人物、文本进行对话的过程中，会受到传主的熏陶和感染，在阅读中确立自己的人生楷模。比如阅读《中国铁路之父：詹天佑传》，有利于学生全面了解詹天佑的人生经历，学习他的爱国主义精神和严谨客观的科学态度。总之，一个人能够被后人立传称颂，他的身上一定存在能够启迪后人的品格和智慧。

四、树立志向，健全人格

读人物传记能够让学生树立远大的志向。一个人要成就一番伟业，不仅需要具备智慧，更需要从小树立远大的志向。历观古今中外的圣人、名人、伟人，都是如此。读名人的传记，可以帮助学生树立志向。古人云："少年养志。"要养志，读名人传记是一个很好的方法。这是因为青少年正处在人生中的成长阶段，憧憬未来、塑造自己是他们共同的追求。自己在未来应该成为怎样的人？青少年通过阅读名人传记，可以将自己与传主对比，从而得到启发。名人所走过的人生道路，不论是成功的还是失败的，都有可能引起他们的思考，使他们能够对之加以借鉴。

一个人要培养健全的人格，养成良好的阅读习惯，建立科学的知识结构，在什么人生阶段读什么书很关键。傅雷先生曾说过："我们比任何时候都更需要精神的支持，比任何时候都更需要坚忍、奋斗和敢于向神明挑战的大勇主义。"为此，他曾积极地将"巨人三传"介绍给国人。如今，部分青少年道德出现滑坡这一现实，也要求名人传记再次担负起重要责任。《爱迪生传》《童年》《民族魂——鲁迅传》《李白传》……这一本本优秀的名人传记，向学生传递着伟大人物为人类献身的精神，百折不挠、勇往直前的坚忍与顽强精神，对真善美的执着追求与崇高的人格感召力。这些都将潜移默化地改变青少年的生活道路，影响他们的一生。少年阶段是人生观、价值观初步形成的阶段，必须以各种方式对青少年的成长施加好的影响。能够促使学生立志做某一类人的因素有很多，其中一个重要途径便是读书，读优秀的名人传记有利于培养健全的人格。人的志气有可能从阅读名人传记中被激发出来。学生在真实的传记阅读中，能够经历"看得见"的能力提升、思想蜕变与精神成长。

第二节　学生思想发育、精神成长的需求

阅读好的传记，有助于完善人格。小学阶段，学生如果能在家长和教师的帮助下阅读大量优秀的人物传记，对于塑造良好人格大有裨益。人物传记的内容决定了它在学生良好人格的形成中具有重要地位，阅读人物传记是学生精神成长中重要的一环。

一、教育的过程首先是一个精神成长的过程

德国教育家雅斯贝尔斯认为："教育的过程首先是一个精神成长的过程，然后才成为科学获知的一部分。"他将"精神成长"置于"科学获知"之前，从"以人为本"的角度解释了教育的过程。华中师范大学王坤庆教授认为，"'精神'一词，主要指对人的主观存在状态的描述与定位，是人所具有的一种基本属性，以及发展过程的理想归属。""什么是精神教育？简单地说，就是指为了促进人的精神发展的教育。概括来讲，是对促进人的精神世界发展、提升人的精神生活质量的教育活动的总称。"因此，精神成长其实就是通过精神教育使人的精神世界得到发展与提升的过程。追求崇高和完善人格是精神教育的两个基本信念。

"教育是一朵云推动另一朵云"，一个人的成长需要榜样的激励，精神榜样对学生建立正确的世界观、人生观有着重要的影响。阅读人物传记，在了解传主一生经历的同时，聚焦重要人生经历，了解传主历史评价的由来，对促进学生精神成长具有重要价值。

二、传记文学的特点决定了它是学生精神成长的载体

《义务教育语文课程标准（2011 年版）》提出，语文课程是一门学习语言文字运用的综合性、实践性课程。义务教育阶段的语文课程，应使学生初步学会运用祖国的语言文字进行交流沟通，吸收古今中外的优秀文化，提高思想文化修养，促进自身精神成长。处于义务教育阶段的孩子，身心都处于成长发育中，人生观、价值观、世界观都处于不断的发展建构中。而语文教学以祖国传统文化和人类所有优秀的精神和品质为内容，有着得天独厚的育人功能。

人物传记全面、具体、生动地呈现了传主的个人生活史、事业史和生命史，学生在阅读人物传记时，收获的不仅仅是对传主光辉灿烂的成就以及世人对传主客观评价的了解，更重要的是能够学习传主面对挫折时的坚韧不拔、在本职岗位上的尽心尽责，以及浓厚的爱国热情等精神品质，这些品质将在学生心中烙下深深的印迹。传主的精神品质将成为学生成长道路上的指路明灯，传主的人生选择可能成为学生职业规划的启蒙。传记阅读承载着丰富的人文内涵，对学生世界观、人生观的形成有着不可估量的积极影响。

在语文教学中，传记文学在学生精神成长中承担着重要的职责。如学生在阅读人物传记《中国铁路之父：詹天佑传》时，能够了解到詹天佑是我国自主设计、自主施工建成铁路的第一人，通过语言文字了解詹天佑对中国铁路事业做出的开创性贡献，感受他强烈的爱国之情和科学严谨的工作精神，产生对榜样的敬佩之情，进而产生效仿之心。学生在阅读中就是这样建构起对詹天佑精神的认识。詹天佑的言行、对祖国深切的热爱对学生的思想情感将起到熏陶和感染作用。这有利于帮助学生认识世界，认识社会，识别真、善、美，有助于学生形成健全的人格、健康的情操、美好的心灵，树立正确的人生观和世界观。当学生们为詹天佑撰写颁奖词时，在赞叹

其开创性贡献的同时，传承其爱国、爱科学和勇于创新精神的意愿也将喷薄而出。

三、学科内容蕴含着丰富的有利于精神成长的资源

课程资源指的是课程教材设计、编制、实施和评价等整个过程中可利用的一切人力、物力以及自然资源的总和。教科书是语文教学的主要课程资源，但不是唯一的课程资源。语文课程资源还应包括工具书、报纸杂志、展览馆、电影电视、网络、演讲会等。语文与生活有天然的联系，反映生活，反过来又服务于生活。雷敏在《信息技术辅助下语文教学促进学生精神成长的实践与研究》中提到，“与生活密切相关的语文课程资源，各具特色，各有魅力，能从不同的方面引起学生的兴趣，陶冶学生的情操。……学生在各种与语文有关的生活中求得真善美。”

如学生在学习人物传记《中国铁路之父：詹天佑传》时，电影《詹天佑》作为必要和有益的补充也可以成为重要的课程资源。让学生观看电影《詹天佑》，重在让学生发现阅读单篇课文、整本书和观看影视作品的相同与不同之处。丰富的课程资源有利于学生全面建构对詹天佑的认识，对关键事件形成清晰而有聚焦的认知，建构清晰的人物图谱，形成文字与画面的对应，对文学、历史及詹天佑的人生等都获得较为丰富的了解，这样的了解不仅有利于促进学生人文精神的发展，还能丰富对多种课程资源的认识，为今后的学习拓宽视野。

名人传记是人类文化的精华。阅读名人传记可以丰富学生的历史和文学知识；可以开阔学生的视野、增长见识；可以让学生了解生活，提高知识品位，启迪智慧，提高写作水平。比如阅读《李白传》《杜甫传》《苏东坡传》等，可增加文学知识；读《李鸿章传》《民

族魂——鲁迅传》《秋瑾》等，可增加历史知识；读《孙子传》等，可了解军事知识；读《居里夫人传》等，可增长科学知识；读徐霞客的半自传体《徐霞客游记》，可以丰富野外旅行、野外考察的知识。读《城南旧事》《老舍》等不仅可以增加文学知识，同时可以了解北京当时的风土人情等人文知识。每个人的生活圈子都是有限的，而阅读名人传记，可以使人们更好地了解社会生活的各个层面，了解各行各业、各色各样的人物。这样不仅可以满足好奇心，更能丰富知识，开阔视野。

培养学生的写作能力是语文教学中的一项重要任务，而最让教师头疼的便是大部分学生的作文空洞无物、缺乏思想、脱离实际。许多传记作者本身具有很高的文学造诣，因此阅读这些传记，可提高学生的语文素养，陶冶情操，增强学生对事物的洞察力，有助于提高学生的观察、识别、判断、反省能力，对学生进行思想上的洗礼，从而为学生进行有真情实感的写作打下良好的基础。

四、现代社会需要名人传记的精神涵养

近几十年，我国的经济建设取得了举世瞩目的成就，但社会进步过程中也出现了一些不和谐的现象，如“公共场所乱涂乱画”“插队、超车”“闯红灯过马路”“校园欺凌”“破坏公共财物”等。究其原因，与某些人缺乏道德，树立了错误的人生观、价值观有很大关系。这说明精神文明培养力度仍需加强。青少年是祖国的未来，从小树立正确的价值观尤为重要。

名人传记主要是通过记述人物的生平，记述发生在人们身上的种种故事，让学生在阅读过程中感受不一样的人生历程，探寻他人成长的核心动力。阅读名人传记，和彰显人格魅力的文字碰撞，和大师“零距离”交流，可以让心智未成熟的学生在名人、大师的高

尚思想的浸染下，逐渐形成正确的人生观、世界观和价值观。名人传记是培养学生感悟语言、领会思想、激励志向、熏陶美德的重要载体。

奥地利著名传记作家斯蒂芬·茨威格说过："读伟人的传记吧，与勇敢的心灵做伴！"这句话非常形象地揭示了阅读名人传记的意义所在。阅读名人传记，对于读者思想品质的养成具有不可忽视的重要意义。对人生观、价值观和世界观正在形成的学生来说，更应该最大限度地从传记中汲取营养，不断丰富自己的思想，充实自己的间接人生经验。这些正是传记文学的作用，是其他一些文学体裁没有的教育功能。

第三节　拓宽视野，开启生涯教育的序幕

生涯（Career)，在希腊有"疯狂的竞赛精神"的意思，后引申为道路。从词源上能够看出，生涯指向的是人的一生，人的生涯总是充满变化和挑战。生涯是个人通过自己所从事的工作创造出的一个有目的、延续一段时间的生活模式。最早提出生涯教育（Career Education）的是美国联邦教育署署长马兰，他认为"所有的教育都是或都将是生涯教育"，指出教育家应该努力让青少年毕业后成为适当有用的受雇者或继续接受进一步的深造。生涯教育有广义和狭义之分，广义的生涯教育是终身教育；狭义的生涯教育是在学校内实施的、以达成个体生涯发展目标为目的的教育手段，包括对生涯课程的学习和对活动的参与。这里所说的生涯教育取其狭义，主要指的是职业生涯教育。职业生涯教育就是帮助学生正确认识自我、认识专业和职业的发展需求，培养创业能力与自我职业生涯规划能力的教育。

一、国际上职业生涯教育的现状

世界上最早在中小学开展职业生涯教育的国家是美国。在 1918 年，全美教育协会就确认职业指导应成为美国中学教育的组成部分。在近一个世纪的发展历程中，美国中小学职业生涯教育得到了政府的重视和支持，形成了一套成熟的理论体系和运行机制。美国职业生涯教育覆盖从儿童早期到中学后几个阶段，面向全体学生，渗透到课程和多种多样的实习活动中。

在日本，普通教育与职业教育如何衔接是重要的研究课题。日本的职业生涯教育的目标是使学生从小就建立社会、职业的意识，懂得劳动者的责任和义务，解决日本“从学校到职业的过渡”这一问题。日本的职业生涯教育涵盖了小学到大学的整个教育过程。

二、我国职业教育生涯的现状

我国很早就有对职业生涯教育的论述，如黄炎培先生在 1934 年 3 月 26 日的《中华职业教育社宣言》中有过这样的论述：职业教育之定义，是为“用教育方法，使人人依其个性，获得生活的供给和乐趣；同时尽其对群之义务”。而其目的如下：① 谋个性之发展；② 为个人谋生之准备；③ 为个人服务社会之准备；④ 为国家及世界增进生产力之准备。其分类，则有农业教育、工业教育、商业教育、家事教育、公职教育、专业教育六项。黄先生不仅提出了“职业教育”的概念，而且根据不同的目的将职业教育分成不相同的六类。此外，我国著名教育家陶行知先生的“生活教育理论”主张也是职业生涯教育思想的一部分。但是，在我国关于职业生涯教育的专项研究起步较晚，而且主要研究在大学阶段针对毕业生开设什么样的选修课和讲座，对中小学的职业生涯教育涉及较少。

三、“终身教育”催生了职业生涯教育的诉求

1965 年 12 月，在联合国教科文组织召开的第三届国际成人教育会议上，法国的保罗 · 朗格朗以“终身教育”为题做了报告，首次提出“终身教育”的概念，并引起热烈反响。短短数年，终身教育已经在世界各国广泛传播。在 21 世纪知识经济时代，人们清醒地认识到拥有一种知识或技能便可享用终身的观念已成为过去。只有坚持终身学习，才能不断更新迅速老化的知识，获得新的生存技能，适应不断变化的社会。①

要适应终身教育的要求，在教育上应提供多种渠道和可能性，为不同的学生提供适合自己发展的道路。这就需要学生了解并正确认识社会上各种不同的职业，从小养成正确认识自己、正确评判自己的意识，增强职业选择能力。

PISA（国际学生评估项目）测试显示，相对于英、美等国的中学教育而言，我国中学生在知识掌握上优势明显，但学习兴趣不够浓厚，对学习价值的认识相对单一。这与目前基础教育阶段缺乏生涯发展教育有关。而中学生如果缺乏规划人生的自主性和自觉性，将会使自身在终身发展上遇到障碍。因此，生涯发展教育应在基础教育阶段便开始实施，使接受基础教育的学生能够获得全方位的成长和提高，这有助于满足学生终身学习和发展的需求，也能为有效提升其社会适应能力打下良好的基础。

1994 年 9 月，国家教育委员会基础教育司颁布了《普通中学职业指导纲要（试行）》，提出应该在初、高中课程中涉及职业生涯教育的内容，并使其贯穿教育的始终。这对学校教育提出了更高的要求。因此，高中学校不仅需要开设生涯规划课程，更需要整体构

---

① 李国强．保罗 · 朗格朗与终身教育理论——兼论西方终身教育理论对我国教育现代化的启示．教育研究，2017（6）：146–150+158．

建高中生涯发展教育体系，把生涯教育和引导渗透到高中教育全过程中。

在新高考背景下，一些学生在多元选择中，出现“选考投机”的问题。其实，选科需要统筹考虑兴趣爱好、课程选择、专业报考和生涯发展之间的关系。现实中，许多学生在选择上更重视的是成绩取向，甚至会放弃自己的兴趣，过于理想化地估计自己与未来，导致选择出现偏差。这说明学生在“学业—专业—职业—生涯”之间还没建立起内在的关联。职业生涯教育应该着眼于学生一生的发展，通过教育来增进学生对自己个性的认识，激励其追求职业发展。

四、学生职业生涯教育的不同形式

在基础教育阶段对学生进行职业生涯教育主要是要培养学生去了解自己的需要、能力、兴趣、性格和价值观，获得对不同职业的认识，激发学生的学习兴趣。每个学生都会认真思考“我要成为什么样的人”，从而产生不同的职业期待。这种职业生涯教育根据学生的年龄特征以及不同的认知发展水平可以分为几个阶段：低段（一、二年级），学生对社会处于模糊的认识阶段，他们通过阅读名人传记类的绘本、参加各种不同的实践活动以及观看不同的影视作品初步接触不同的职业，从而了解自己的性格、爱好等特质，分析自己的优势与不足。此时他们处于认识自我、觉察自我的阶段。中段（三、四年级），学生对周围世界有了初步的了解，此时他们通过阅读比较浅显的名人传记类作品，如《张衡传》《李白传》《城南旧事》等了解身边的职业，建立最初的职业意向。其间学生处于觉察职业的阶段。到了高段（五、六年级），学生就有了职业的期待、有了对某种职业的向往。像《中国铁路之父：詹天佑传》《民族魂——鲁迅传》等一系列名人传记让他们对职业有了不同的价值认同。此时，人物传记能够发挥价值引领作用。优秀人物身上的精神品质会感染、激励学生，使学生能够树立正确看待社会、正确看待职业、正确规划自己未来的意识。此时学生会思考“我要成为一个怎样的人”。

人物传记是人物或人物资料的有效记录形式。其中的“人物”大多是历史、文化等领域的名人，有政治家、历史学家、经济学家、文学家、科学家、艺术家、教育家、社会活动家、慈善家等，几乎包罗了社会上各种职业。一本本生动的人物传记，就是一本本鲜活的社会职业介绍手册。学生在阅读名人传记时，不仅需要知道人物的生平、精神面貌等，还需要了解传主所处时代的背景、传主的社会关系、当时的社会情况。在阅读名人传记时，学生能够接触各行各业的人物，能够了解社会上的许多职业，从而为自己未来做人生规划提供参考，打破职业选择的局限性。同时，人物传记中的“人物”多是各行业的成功人士，学生通过阅读，从小就会树立“行行出状元”的思想观念，这样可以避免以后在选择职业时戴“有色眼镜”，在一定程度上杜绝了职业选择的片面性和职业歧视。

第四节　落实新时代立德树人的根本要求

一、新时代，立德树人是根本

党的十八大以来，习近平总书记带着对中国特色社会主义教育事业的深刻思考，深入校园，仔细聆听广大教师和学生的期盼，深刻阐释对教育改革发展的见解。2014 年 5 月 4 日，在北京大学师生座谈会上，习近平总书记发表了《青年要自觉践行社会主义核心价值观》的重要讲话，向青年人阐述了树立正确价值观的重要性。他说：“我为什么要对青年讲讲社会主义核心价值观这个问题？是因为青年的价值取向决定了未来整个社会的价值取向，而青年又处在价值观形成和确立的时期，抓好这一时期的价值观养成十分重要。这就像穿衣服扣扣子一样，如果第一粒扣子扣错了，剩余的扣子都会扣错。人生的扣子从一开始就要扣好。”习总书记形象而生动的“扣子论”，不仅提出了每个青年学子必须思考的成长课题，也明确了教育事业必须重视的重大命题——国无德不兴，人无德不立。

新时代，教育工作面临怎样的紧迫要求？立德树人是根本，也是教育事业发展必须牢牢抓住的灵魂。2018 年，习近平总书记在全国教育大会上发表重要讲话，他指出，要把立德树人融入思想道德教育、文化知识教育、社会实践教育各环节，贯穿基础教育、职业教育、高等教育各领域，学科体系、教学体系、教材体系、管理体系要围绕这个目标来设计，教师要围绕这个目标来教，学生要围绕这个目标来学。凡是不利于实现这个目标的做法都要坚决改过来。这就要求教育工作者把立德树人的根本任务嵌入个体成长的整个生命历程中：在学校教育中，要充分发挥课堂教学的主渠道作用，将立德树人的根本任务细化落实到各学科课程的教学目标之中，渗入教育教学全过程，落实到教育教学和管理服务各环节。要让广大青少年学生既有真才实学，又不断增进个人道德修养、社会担当、家国情怀，这样才能有益于国家、有益于社会、有益于个人，才能为中华民族伟大复兴提供强大的人才保障。

二、名人传记在立德树人方面的优势

习近平总书记在全国教育大会上发表的重要讲话是指导新时代教育改革发展的纲领性文件，是建设教育强国的动员令。它引领了教育战线的新思考、新作为，开启了新时代中国教育事业的新征程。

为适应新的时代要求，学校教育应不断探索拓宽学生发展道路的途径，积极调整课程设置、学科教学目标、学科教学内容等。

在语文教科书中，叙事文体“人物小传”具有独特的阅读价值。这些文章与一般写人记事的记叙文最大的不同在于它们包含对人物及其功绩的历史评价。同时，与文学意义上的传记不同，受制于教科书篇幅，这些“人物小传”多以概述为主，相对来说缺乏细节描述。但是，这些特点都从属于叙事性作品的本质。这类作品的阅读价值突出表现在两个方面：

一方面，阅读人物传记，能够引领学生形成正确的世界观和人生观。小学高年级学生正处于从儿童期向青春期过渡的关键时刻，学生的自我意识、独立意识明显增强，也面临着成长中的烦恼和焦虑。同时，在生活中、学习上，学生期望得到他人的赏识、认可，对身边发生的事极易产生带有个人情感的价值判断。在这个特殊的阶段，引领学生们阅读人物传记具有积极意义。

另一方面，阅读人物传记能够帮助学生找到人生榜样。一个人想要在事业上取得成功，就要像优秀的名人那样有过硬的专业素养，还要有坚强的毅力和顽强的拼搏精神。比如，从法国物理学家、放射化学家居里夫人的传记中可以了解到，居里夫人是全世界女性的骄傲。她是第一个获诺贝尔奖的女性，还是第一个获得两次诺贝尔奖的女性。又如，奥地利作家斯蒂芬·茨威格写了《巴尔扎克传》，描述了19世纪法国小说家巴尔扎克一生的经历。巴尔扎克共创作96部长、中、短篇小说，总名为《人间喜剧》。他是怎样成功的呢？传记里有一段描写：

在巴尔扎克的书房里，壁炉的上方摆放着唯一的装饰品——拿破仑的小塑像，这位征服者的凝视，使他感觉到了一种挑战。为了勉励自己，他在一张纸条上这样写道：“他以剑开创的伟业，我将以笔来完成。”

巴尔扎克专注于一个目标，不把精力分散、浪费到其他兴趣上去，方能创造惊人的奇迹。专注于一个目标，不分散精力，这是巴尔扎克的一个好经验。

传记作品《詹天佑》中有这样的陈述：

詹天佑不怕困难，也不怕嘲笑，毅然接受了任务，开始勘测线路。哪里要开山，哪里要架桥，哪里要把陡坡铲平，哪里要把弯度改小，都要经过勘测，进行周密计算。詹天佑经常勉励工作人员说：“我们的工作首先要精密，不能有一点儿马虎。‘大概’‘差不多’这类说法不应该出自工程人员之口。”他亲自带着学生和工人，扛着标杆，背着经纬仪，在峭壁上定点、构图。塞外常常是狂风怒号，黄沙满天，一不小心就有坠入深谷的危险。詹天佑不管条件怎样恶劣，始终坚持在野外工作。白天，他攀山越岭，勘测线路；晚上，他就在油灯下绘图、计算。

学生从这些文字中能够读出詹天佑的坚忍、勇敢和严谨做事的科学态度。以上这些品质都值得学生学习。

小学阶段，学生正处于思想观、人生观、价值观初步建立的时期，迫切需要接受爱国主义教育和良好的价值观教育。读一本名人传记就是在从名人身上学习人生经验和智慧，学习价值观和思想认识；就是在一段有榜样的路上丰富、涵养自己的精神品质。学生通过阅读，与文本产生思想碰撞，将文本整合与内化，建构自己的知识和精神，实现精神境界的提升。让学生读人物传记不仅可以丰富学生的历史和文学知识，而且可以激发他们的志气，使他们培养起健康的人格、增加克服困难的勇气、增长应事接物的智慧、提高专业水平和写作水平，都有一定作用。

在阅读名人传记时，传主的精神品质将成为学生成长道路上的参照，成为学生成长中培养健全人格的罗盘，成为学生践行和培育社会主义核心价值观的指导手册和立德树人的精神依托。名人传记以其题材、内容的独特性成为课外阅读中促进学生精神成长的重要阅读资源。

第二章

有指导的名人传记阅读

第一节　书目选择：课内学习向课外延伸

阅读是语文教学中最重要、最基本的内容。语文作为一个工具性与艺术性相结合的学科，其基本教学方式是课内得方法，课外求发展，两者互为补充，共同促进学生阅读能力的提升。但是，当前小学语文教学以“单篇课文教学”为主要形态，碎片化的单篇教学已很难适应现代信息社会的发展。随着社会不断发展，信息不断更新,仅仅讲授单篇课文是不够的。教材是课堂教学活动的主要材料，但语文学科有其特殊性，语文教材无法将博大精深的汉语言文化全部容纳其中，不能满足学生阅读学习的个性化需求。因此，配合教材进行拓展阅读课程的构建就十分必要了。

一、课内学习向课外延伸的缘由

（一）在小学语文教学中开展延伸阅读的理论依据

延伸阅读作为中小学语文教学的重要环节，其开展具有重要的理论依据，主要体现在以下两个方面。

第一，符合语文阅读的基本内涵。结合语文延伸阅读教学的有关理论可以发现，语文阅读主要指的是学生在展开阅读的过程中，通过视觉作用将看到的文字信息输入大脑的一种心理过程。这个过程是学生亲身参与、感受与体验的过程，而学生在这个过程中的参与程度直接决定着语文阅读的效果。阅读作为语文学习的重要环节，是学生消化与吸收文本的过程，也是一个对文字进行加工重构的过程。当前我国中小学语文的延伸阅读主要是指在语文教学过程中，教师根据教学要求，在立足课内阅读的基础上，有目的地引导学生由课内向课外进行延伸阅读。开展延伸阅读，有利于学生增加知识储备，开阔视野，培养良好的人文素养。特别是随着终身教育时代的到来，开展全民阅读活动已成为党和国家建设学习型社会的重要举措，也是中小学语文教学顺应时代发展潮流、深化教学改革的必然要求，有利于引导中小学生树立终身教育、终身学习的理念，全面提高综合素质与能力。①

开展中小学语文延伸阅读是贯彻教育部制定出台的《义务教育语文课程标准（2011 年版）》要求的具体体现。《义务教育语文课程标准（2011 年版）》明确提出，中小学语文教育工作者在教学过程中要高度重视延伸阅读环节，并对延伸阅读的重要原则和教学实践提出了具体要求。

开展中小学语文延伸阅读能够满足学生阅读心理的需要。中小学生心理、认知、思维等方面的特点，决定了他们有进行课外阅读的心理需要，主要表现为自我提高的需要、认知的需要以及排遣孤独心理的需要等。开展延伸阅读可以有效解决中小学生的这种认知与心理上的需要。

第二，通过延伸阅读还可以使学生培养良好的阅读习惯，锻炼思维能力。当前实行的《义务教育语文课程标准（2011 年版）》对开展延伸阅读提出了具体明确的要求，并把满足学生的心理需求作为延伸阅读的重要目标。这些都为中小学语文延伸阅读的扎实有序开展奠定了理论基础。②

① 邵岩．延伸阅读的理论依据与实践途径［J］．语文建设，2017（17）．

② 同上．

（二）基于当前学生阅读策略水平偏低

据 2018 年 11 月我校所在 Y 区域《中小学生阅读韧性发展反馈报告》（调查范围涵盖四年级至初二年级共 17 个班学生一年阅读情况）研究表明：不同年级的阅读量不尽相同。具体来看，学生课外阅读量在 25 本以上比重比较大的年级分别为四年级、五年级和初二年级。测试结果显示，99% 以上的学生具有课外阅读的习惯，学生能够聚精会神坚持读书的周平均时长为 3.62 小时。

但是从整体上看，Y 区域的家庭支持、学校支持和阅读坚毅性水平较高，阅读策略运用水平却偏低。阅读策略是指读者在尝试理解各种文章时做的有意识的、可灵活调整的认识活动计划。[①] 阅读策略运用水平偏低，表明本区域的学生在阅读过程中，虽然有较强的毅力，但受限于阅读方法的缺陷，克服阅读困难需要付出的努力较大。在很大程度上，阅读困难往往是由阅读策略不足造成的。在具体的阅读过程中，学生需要调动并运用原有知识，进行阅读推理，形成阅读语感，在阅读过程中进行自我监控。这一系列的行动，会使阅读过程比较顺畅，使学生能够获得更多阅读收获。而学生运用阅读策略的能力，一方面来源于学生在日常阅读中的积累；另一方面，在更大程度上，则需要依靠教师在阅读教学中有意识地教授阅读策略。因此学生阅读策略运用能力较低，侧面反映出学校在阅读教学中对阅读策略的指导有欠缺。

“培养学生的阅读能力和技巧，主要有赖教师的指导和辅助。通过不同形式的教学活动和阅读不同类别的材料，学生得以掌握广泛的阅读技巧”。[②] 提升学生的阅读能力，需要从培养学生运用阅读策略的能力入手，这就给学校及教师的阅读教学活动提出了要

① 倪文锦、欧阳汝颖．语文教育展望［M］．上海：华东师范大学出版社，2002：295．

② 谢锡金、林伟业．提升儿童阅读能力到世界前列［M］．北京：北京师范大学出版社，2013：111．

求。教师“教材运用、信息科技应用、教学方法与活动、评估与测量、照顾个体差异以及教师专业发展”[①]的能力，对学生阅读能力的形成有重要影响。

（三）让学生读得多些，读得深些

《义务教育语文课程标准（2011年版）》要求，课外阅读的总量一、二年级不少于5万字，三、四年级不少于40万字，五、六年级不少于100万字，所以小学生应该有150万字左右的课外阅读量。但事实上，当代小学生的课外阅读量却远远达不到这个要求。而在现行小学语文教材中，每学期大约学习40篇课文，不过3万字左右，在量上是远远不够的。学生阅读量不够，阅读种类也有限，有些学生甚至走向了“非课本不读”的功利阅读。[②]这些都让小学语文的阅读教学一直处于高耗低效的尴尬境地。怎样在立足课堂的基础上想方设法地引导学生多阅读，是语文教师应思索的问题。由此，北京教育学院附属海淀实验小学立足课堂，充分利用教材，根据教材本身的特点，由此及彼，由点及面，学以致用，引导学生看得多一些、想得深一些。

1. 围绕作品，横向延伸，丰富理解

在本校选用的语文教材六年级上册《我的伯父鲁迅先生》中，作者通过回忆伯父给自己留下深刻印象的几件事，表现了伯父敢于同敌人做斗争，同情劳动人民，爱憎分明和为自己想得少、为别人想得多的高尚品质。学完课文之后，学生对鲁迅先生充满了敬仰之情，并对鲁迅先生本人产生了浓厚的兴趣，想进一步了解鲁迅先生的事迹。于是，结合学生的兴趣点，教师与学生共读了整本《民族

---

① 谢锡金、林伟业. 提升儿童阅读能力到世界前列［M］. 北京：北京师范大学出版社，2013：111.

② 单莉娜. 课堂延伸阅读：让学生读得多些，读得深些［J］. 上海教育，2017（33）.

魂——鲁迅传》，对鲁迅先生有了更多的认识。

2. 围绕作者，纵向挖掘，深化理解

《詹天佑》是北师大版语文教材六年级下册的一篇讲读课文，又是一篇人物传记，记叙了清朝末年，在帝国主义欺侮、压迫我国的历史条件下，詹天佑不怕帝国主义的阻挠、要挟和嘲笑，毅然主持修筑了京张铁路，并提前两年竣工，有力地回击了帝国主义对中国的藐视，也表现了中国人民的智慧和力量。教师在课内引领学生感受人物魅力的同时，激发了学生对詹天佑进一步进行探究的兴趣。让学生在课外阅读《中国铁路之父：詹天佑传》就是一种很好的补充和提升。学生从《中国铁路之父：詹天佑传》平实生动的语言中对中国铁路第一人、中国近代科学技术的先驱者詹天佑有了更全面的了解，他那种自力更生、发愤图强、不怕困难、艰苦奋斗的精神将永远留在孩子心中。

基于以上几方面的原因，学校从提升教师专业技能和知识储备入手，探讨了符合本校实际的教学方法，并针对学生的具体情况，制定了从单篇阅读到整本书阅读的教学策略，从课内阅读向课外阅读延伸，以帮助学生在课内、课外习得更多有效的阅读策略，从而提升阅读能力。

二、课内学习向课外延伸的措施

（一）注重课本积累，挖掘课内素材

学习本身应该是一个积累的过程，就像建一座高楼一样，应该一层一层循序渐进地建造起来。就目前学校教学来看，语文学科是最为重要的一门学科，但也是最难见到成效的一门学科。它需要学习者不断地坚持投入，随着时间的推移才能够逐渐看到成效。就以《詹天佑》这篇课文来说，语文教师既要引导学生了解文章组织材

料的特点、通过对比阅读了解传记写作的特点，又要指导他们结合关键词和重点语句了解人物的品质。教师需根据教学内容做适当的补充和拓展，加深学生对人物的理解和感悟，这样不断积累，才能实现学生语文素养和能力的全方位提升。

（二）以课堂为基础，进行课外阅读范围圈定

崔峦教授曾经说过："语文教学应以教科书为主，用好教科书，紧扣文本，走进文本，与文本对话，同时又不能视教科书为主宰，应适当地拓展和引领。"这就指出了语文教学课内与课外拓展的辩证关系。现行语文教材中不少课文是中外名著的节选段落，教学时，适时地引导学生阅读原著，既会激发学生的阅读兴趣，让学生收获更多的知识，反过来又能促进学生更好地理解课文，增强教学的效果。

北师大版语文教材六年级下册第六单元主题是"科学的精神"，共包括三篇主体课文，《当代神农氏》、《一个这样的老师》以及《詹天佑》；两篇拓展阅读《床头上的标签》和《炸药工业之父——诺贝尔》。第六单元语文天地中的综合实践活动"让我们开个读书会"提出："让我想读一篇科学家的故事，推荐一本介绍科学家的书。"《詹天佑》记叙了清朝末年詹天佑在帝国主义的阻挠、要挟和嘲笑下，修筑京张铁路，有力地回击了帝国主义对中国的藐视，展现了中国人民的智慧和力量的故事。在写作方法上，文章先概括介绍了詹天佑，然后选取了詹天佑修建京张铁路的事迹来重点描述詹天佑的精神品质。在介绍修建京张铁路时，作者先介绍了修建京张铁路的背景，然后重点描写了京张铁路修建过程中的三件事情，最后又概括地描写了京张铁路修建完成后的影响。教师在课内引领学生感受人物魅力，同时激发学生进一步探究的兴趣。以课内促进课外，就要做到课内阅读与课外阅读有机结合，让学生得法于课内，得益

于课外，逐步感受语言文字之美，这样学生的文学素养会大大增强，阅读兴趣也会大大提高。《中国铁路之父：詹天佑传》是十分适合学生在课外进行阅读的一本传记。

（三）根据教材与课外阅读的衔接点设计教程

圈定课外阅读的书目之后，通过学情调研，我们了解到，六年级的学生已经具备了一定的自主阅读、自主学习能力。经过课前的资料查找，他们对詹天佑的情况以及京张铁路的修建过程已经有了初步的认识。在课堂上，学生学过一些人物传记，如《李时珍》《我的伯父鲁迅先生》等，他们自己在课外也读了一些人物传记，如《岳飞传》等，对人物传记的内容与写作特点有了基本的认识。

学生虽然阅读过人物小传，但对这种文体组织材料的特点缺乏理性的思考，也缺乏对传记文章写作方法的认识。由此，教师设定了《詹天佑》第二课时课内阅读教学的目标。通过课内阅读的指导，由单篇课文《詹天佑》延伸到传记《中国铁路之父：詹天佑传》，学生在课内阅读中对詹天佑的事迹有了初步的了解，对詹天佑的精神品质和科学精神有了进一步的认识。是什么原因造就了这样的科学家？詹天佑还经历了什么？学生对这些问题还有进一步探究的兴趣，而《中国铁路之父：詹天佑传》这本书就是对学生阅读渴求最好的回应，学生将课内产生的情感延伸到课外阅读中，拓宽了情感的广度，进而对《詹天佑》这篇文章和詹天佑本人产生了更为丰富的认识。

（四）传记《中国铁路之父：詹天佑传》的课外阅读指导

《中国铁路之父：詹天佑传》的整本书阅读指导共用三个课时完成，由三位教师共同执教。三节课由课内到课外、由单篇课文到整本书阅读、由阅读单个科学家传记到阅读一组科学家传记。横看，每节课的设计由若干个有关联的体验式活动组成，每个活动都要明确典型任务、设计教学流程、预设目标达成的标准；纵看，三节课之间也是有关联的，互相影响，层层深入。在课堂阅读指导上，教师巧妙运用思维导图、故事图示、阅读记录单等思维工具，厚书薄读、局部精读，让孩子们在体验式活动中掌握了人物传记的阅读方法，在感受传主的科学精神之余，更被他深切的爱国情怀感动。

三、确定阅读书目

根据小学生的认知特点可知，并不是所有的传记都适合孩子阅读，所以有必要对挑选的人物传记进行阅读论证。阅读论证主要从以下四个方面进行：以《中国铁路之父：詹天佑传》为例，一是要对作者简介、出版社、文字内容进行考察，看是否权威，是否适合小学生阅读。二是要考证传记阅读的可行性，比如《中国铁路之父：詹天佑传》是“常春藤传记馆”丛书，这套丛书由北京大学语文教育研究所组织编写，长春出版社出版。全套丛书初步设定为100种，每本10万字左右，其选目、内容和写法都是为中小学生“量身定制”的。三是要论证传记阅读的必要性，这本书是否有助于帮助学生完成知识积累。比如学生通过阅读《中国铁路之父：詹天佑传》，可以把握传记文学“真实性和艺术性统一”的特点，理解传主的生平、传主的人格和对传主的解释三个要素。四是要论证传记阅读的发展性。阅读人物传记不仅有助于小学生的精神成长，还有利于培养学生阅读整本书，尤其是阅读人物传记的基本能力。

根据以上论证的必要原则，我校各个年级的语文教师共同讨论、筛选、论证适合各年级学生阅读的人物传记。以下是我校所认定的适合各年级学生阅读的读物表格。

表 2–1　不同年级推荐阅读传记书目表

年级	书目	作者	出版社	出版时间
三年级	《李白——仗剑行侠的诗仙》	罗虎、张亮	团结出版社	2012.9
四年级	《老舍——新中国第一位“人民艺术家”》	曼子、张亮	团结出版社	2013.1
五年级	《杜甫传》	冯至	人民文学出版社	2018.7
六年级	《民族魂——鲁迅传》	陈漱渝	漓江出版社	2012.8
	《中国铁路之父：詹天佑传》	张相宽、温儒敏	长春出版社	2017.1

确定好阅读书目以后要做好如下事项：

（1）教师帮助学生合理规划阅读的进程。

（2）教师与学生在完成通读的环节之后，共同研讨得出可探究的问题，在课堂上集中解决。

（3）梳理阅读方法和收获，继续拓宽可阅读的资源。

第二节　自主阅读：合理规划，养成阅读习惯

阅读有利于开阔视野、增长知识、陶冶情操，在孩子的成长过程中起着非常重要的作用，是建构精神世界、塑造强大自我的有效途径。在新课改背景下，帮助学生培养良好的阅读习惯是学校教育中的重要环节，是学生构建阅读力的关键因素。我校通过多种教学方法为学生良好阅读习惯的培养搭建平台，通过多元化的评价方式激发学生的阅读兴趣，展示学生的阅读成果。

一、培养良好的阅读习惯

阅读活动是一种复杂的心智活动，也是一种积极、活跃、充满

创造力的活动，它对学生语文素养的提高有着重要的作用。良好的阅读习惯可有效促进学生的文学素养与自学能力的提升，有助于将生活与学习联系起来，从而以非智力因素的发展去助推智力因素的发展。在日常学习生活中，阅读是拓展知识面、发展语言能力的有效途径。良好的阅读习惯能够助力语文思维方式及品质的养成。

阅读是一种个性化的行为，每个学有所成、读有所得的人都有自己的阅读习惯。但作为一种人人都应具备的能力，良好的阅读习惯又有一些共性，特别是对于小学生来说。如“读写结合”的习惯。“不动笔墨不读书”，这是前人总结的读书经典名言。“读写结合”是古今中外许多成功者共同的读书经验。读书时做笔记、做批注、做摘录等，有助于积累资料备查，有助于深入理解所读文本内容，有助于巩固记忆、提高写作能力。

读书还要勤于思考，善于提出问题。是否能够提出具有思辨性的问题是判断一个人思考能力强弱、阅读能力高低的重要标志。在阅读中要善于捕捉大脑中稍纵即逝的疑问，记在本子上，方便查阅，寻求解答。久而久之，人就会养成善于提出问题的阅读习惯。读书要为自己制订计划，合理规划阅读时间和阅读内容，掌握阅读的主动权，朝自己制定的既定目标前进，避免盲目性和随意性。读书还要善于查阅资料，及时解决出现的问题，拓宽自己的阅读思维，延展阅读路径，做到使阅读收获最大化。读书贵在坚持，贵在勤奋，不可“三天打鱼，两天晒网”。

学生的阅读习惯并非天生的，需要依靠家庭、学校等多方面的努力来养成。我校在学生良好阅读习惯养成方面积极努力，从多个角度、多个方面来助力学生阅读习惯的养成，其中有学校组织机构的保障，更有多样化活动的开展以及有效策略的护航。

二、构建团队，组织保障

我校组建了学生阅读建设的支持团队，由稳定的教师队伍来支持、保障学生阅读活动的开展。如绘本研究团队、人物传记阅读团队、线上阅读保障团队、经典导读支持团队、阅读交流评价团队等。这些建设团队由学校的干部和不同学科的专业教师组成。他们定期展开研讨交流，为学生良好阅读能力的培养出力献策。他们主要负责下列工作。

（一）推荐书目

教师建设支持团队会定期给学生推荐一些阅读的书目。针对不同的年级、不同的科目，推荐的书目也不同。如针对低学段的学生，教师会推荐一些经典的国内外著名绘本，如《好饿的毛毛虫》《肚子里有个火车站》《猜猜我有多爱你》《晚安，月亮》《我有友情要出租》《逃家小兔》《石头汤》《母鸡萝丝去散步》《爷爷一定有办法》《活了 100 万次的猫》《獾的礼物》《极地重生》等。对于中学段的学生，教师会推荐学生读《爱丽丝漫游奇境记》《夏洛的网》《时代广场的蟋蟀》《窗边的小豆豆》《柳林风声》《父与子》等。针对高学段的学生，教师会推荐学生阅读《狼王梦》《小王子》《绿山墙的安妮》《草房子》《孔子的故事》《科学家故事 100 个》《西游记》等。

叶圣陶老先生说："教是为了不教。"培养学生自主阅读的能力就是间接培养学生自主学习的能力。此外，数学方面课外读物的阅读在我校同样很受重视，数学教师会针对学生的学段特点给学生推荐不同的书目，如《数学帮帮忙》《奇妙的数王国》《李毓佩数学童话集》《奇妙的数学》等。

（二）搭建网络阅读平台

信息技术给人们带来了诸多的便利，我校借助网络为学生搭建了阅读平台，以此助力学生阅读。平台有攀登阅读、经典导读客户端（APP）等。学生进行线下阅读时，可通过攀登阅读的平台测试自己对所读书目内容的熟悉程度，赢得相应的财富值，这在一定程度上可以增加学生的阅读兴趣；同时教师还可以借助这一平台为学生推荐优秀文章，鼓励学生自主阅读。学生还能够借助云舒写客户端开展整本书阅读活动，提交作品，听专家讲授阅读的方法等。

（三）课堂教学培养阅读能力

学生在校的大部分时间是在课堂上学习，所以课堂教学在学生的自主阅读能力培养方面很重要。语言类的课堂教学，如英语课、语文课等尤为重要。在课堂教学中，教师会借助丰富的教学策略激发学生的阅读兴趣，培养学生的自主阅读能力。如在阅读教学中，教师的创意导入，能够使学生更加主动地投入学习，这一方法特别适合低学段的学生。在我校开展的整本书阅读活动中，教师在课堂教学中会让学生借助相应的阅读策略进行辅助阅读，并梳理阅读的成果，如使用思维导图、人物简历卡概括文章的主要内容，整理人物的相关信息，绘制人生轨迹图并完成对人物生命轨迹的梳理，等等。学生还会以为人物传记的传主写日记、墓志铭、颁奖词等形式来完成读写结合，锻炼书面表达能力，提升对传主的认识，或借助仿写名言警句、做书签等方法来检测自己对文本中人物精神品质的认识。

在课堂教学中，教师可以依据课文内容选择学生感兴趣的话题开展探究、学习和交流活动，让学生自己去收集资料，为学生提供更多课内阅读的时间和空间。教师会鼓励学生质疑，因为学生只有在学习的过程中主动发现问题、提出疑问，才能积极主动地思考，充分激发自身的潜能。

教师会帮助小学生养成写读书笔记的良好习惯。读书笔记是帮助学生加深对课文的理解，增强阅读效果的重要手段，因此，教师会引导小学生在阅读中遇到好的词语或句子时，对其进行摘录，以加强语言积累、丰富写作素材。教师通过课堂教学为学生搭设了阅读习惯养成的不同路径。

（四）模拟场景，提高兴趣

课外阅读需要氛围的烘托，特别是与现实生活接近的情境，这样的情境更能激发学生的阅读兴趣。我校开展学生自主阅读，完成阅读卡兑换蕊币的活动。所谓“蕊币”，是我校师生自主研发的一种类似于钱币的校内通行“货币”，具有不同的面额，可分为 1 元、2 元、5 元、10 元。学生用读书时所绘制的阅读卡在各自班级负责人处兑换蕊币，然后去学校定期开设的“跳蚤市场”购买自己喜欢的东西。孩子们攥着蕊币，奔向柜台，选择自己满意的商品，然后到收银台排队结账，每个孩子的脸上都洋溢着笑容。对学生来说，蕊币是他们通过读书，通过自己的付出获得的报酬，自然就有了不一样的价值。获得蕊币的多少也就标志着学生读书的多少。蕊币设计精美，可以长时间保存，当孩子们看到自己手里积攒的厚厚一沓蕊币时,就会产生一种强烈的自豪感。这种持续时间较长的认同感，将成为一种内在推动力，促进学生形成读书习惯。并且，这样的活动贴近生活，能够让学生在体验中成长。只有贴近生活的学习，学生才更乐于参与，也更能持久地对之保持兴趣。

（五）亲子阅读

学校教学是关键，但最初阅读习惯的培养却十分需要陪伴孩子幼儿阶段的父母的努力。在阅读越来越被大家重视的今天，家长也更加注重对孩子阅读能力的开发。我校开展的亲子阅读对学生自主阅读习惯的培养有一定帮助。教师们经常在家长会时为家长讲授青少年养成阅读习惯的重要性，邀请家长代表参加我校的读书活动。各班的教师也经常给学生们分享一些优秀的书籍，希望他们能与家长共读。学生在家长陪伴的轻松状态下阅读，提高了阅读兴趣和阅读的主动性。通过亲子阅读，学生和家长的心灵越走越近，那种和谐相处的温暖场景会留在学生的心底，陪伴他们成长。我校还定期举办家长大讲堂，邀请在亲子共读方面做得比较好的家长来分享他们的读书经验，以便辐射更多的家庭，使更多的孩子获得优质阅读的润泽。

（六）环境熏陶策略

环境熏陶策略是指创造和利用良好的环境来教育、熏陶学生，使学生养成良好的习惯，产生良好的感情。我校每层楼的拐角处都设有不同年级的书吧，有的地方铺着垫子，有的地方摆着桌椅。下课或自习时，如果学生完成了作业，他们会开心地过来读书。无论是教师还是学生，经过这里时都会放慢脚步、放轻脚步，唯恐影响那些认真读书的“小天使”。在每个班级也都有班级图书角，配备 1—2 名学生作为班级图书管理员，负责班级图书的借阅、登记、归还等工作。

（七）开设图书馆课程，为学生阅读做规划

我校的课程设置是基于育人目标的“四领域、三层级”（“品德与审美”“数学与科技”“运动与健康”“语言与文学”四领域，基础性、拓展性、综合性三层级）的课程设置，图书馆课程是与四领域整合在一起的，而它的设置正是为了满足学生全面发展的需要，同时也是从学科特点出发，符合当今学科结构化要求的。我校的图书馆课程总目标是培养具有现代信息素养、读写素养，能够自主学习、科学探究的学生，为学生学会学习及终身发展奠基。在总目标的指引下，根据学生的年龄特征和学段特征的不同，结合课标的要求，在实施过程中，图书馆课程在各学段的培养目标和学习内容也有所区别。

在小学，低学段正好是习惯养成的黄金时期。我校的图书馆课程在低学段（一、二年级）的培养目标是使学生爱上阅读，爱上图书。“和图书交朋友”是低学段的学习主题。学生主要阅读的是绘本类文章，在阅读的同时，学生还要讲绘本、自己创造性地画绘本。

到了中学段，学生在低学段学习的基础上开始了图书的系统阅读。因此，中学段的培养目标是能阅读一般的文学图书，对阅读感兴趣。同时，学生开始了解图书馆相关知识，包括图书的分类、图书馆发展历史等。这期间的主题是“与图书馆交朋友”。

高学段的培养目标是借助信息资源做研究性学习，学习内容有文献检索（能够熟练地到图书馆查找图书，能够利用互联网查找图书、期刊及其他电子资源）、做简单的研究报告。这个学段的主题是“与研究做朋友”。

三个学段，三个阶段性培养主题，都是在培养学生良好的阅读习惯和信息素养。

我校通过以上路径构建学生阅读支持团队，为学生的自主阅读能力的养成提供组织上的保障。

三、多元评价，创建多样化展示平台

对学生的阅读进程及收获进行评价、展示阅读成果是激励学生继续阅读的方法。教师要为学生搭建阅读成果展示平台，对学生的阅读收获进行评价。中国台湾作家陈德芬认为，喜悦是由内向外的。

要想学生真正养成终身阅读的习惯，必须让他们在阅读中产生由内向外的喜悦。合理有效的评价方式是学生养成、强化良好阅读习惯的重要方式。教师可以引导学生有计划地多读书、读好书、好读书，在对学生进行评价时要采用多元化标准。

（一）评价主体多元化

学生的教育需要学校、家庭、社会三方的力量协作进行。在对学生的学习、阅读进行评价时，也应该允许多元主体参与，要充分发挥被评价者个体和群体的力量来进行评价。

1．学生自评

我校重视引导学生自我评价。学生定期对自己的读书情况进行总结和评价，记录自己在阅读中的收获和不足。关于学生自主评价的方式,每个班级根据自己的具体情况可以有不同的设计。在我校，有的班级让学生用日记的形式来记录自己的阅读收获，有的班级则为学生设计了不同形式的阅读卡等评价量表。

2．同学互评

我校也很重视引导同学间互助评价。学生之间相处时间较长，互相之间对彼此学习、阅读的情况比较了解。在我校，每个班级会根据本班的情况分不同的阅读小组，小组成员之间借助互评量表进行互评，小组长负责统计和记录。

3．家长评价

在评价中，家长要发挥参与作用。家长与学生的接触较多，对学生阅读习惯、阅读兴趣、阅读能力等方面的评价更为真实。家长应参与学生的学习，与学生一起学习、一起探讨，在做出评价的同时创造良好的家庭阅读环境。教师可以通过召开家长会、使用班级微信群、进行电话沟通和面谈等形式向家长了解学生在家的阅读状况。

4. 教师评价

教师在学生的阅读评价中应发挥主导作用。在评价形式上，既可以打分，也可以采取评级、写评语等形式。应以鼓励、表扬等积极的评价为主，既要从正面进行指导，也要给出具体可行的建议，帮助学生矫正偏差，找寻可提升的空间。

在阅读评价活动中，我校逐步建构了教师主导、学生主体、家长参与的多元主体评价体系。

（二）评价方法多元化

评价方法的使用也是十分关键的。我校采用了多元的评价方法。

1. 展示交流式评价

展示交流是阅读教学中常见的表现性评价方式。比如，每次学生阅读完一篇文章后，让学生选出其中印象最深刻的一段话，并用自己喜欢的方式记录下来，旁边附上自己的感想和心得，在小组内展开交流。类似的评价方式还有很多，包括读书笔记、阅读卡、思维导图、写作成果等成果的交流展示。展示交流既可以利用课堂时间来进行，也可以通过班级微信群等载体来进行。

2. 竞争性评价

为了激发学生的阅读兴趣，教师为学生创设具有现场感的竞争机制，让孩子参与各式各样的阅读竞赛活动，使他们在竞争中用更加积极的心态去完成阅读，体验阅读带来的乐趣。比如我校阅读卡换蕊币的活动既是一项激励学生阅读的策略，同时也是一种评价学生阅读数量的活动。学生读书越多，所得蕊币就越多，可换取的“货品”也就越多，无形中，在学生之间形成了一种良好的竞争氛围。在每个学期开始的第一个月中，我校都有阅读板报评比活动。我校的《童语》杂志也会面向全校征集稿件，优秀稿件将被杂志刊发。

除了学校的校报定期征集稿件，我校还会为小学阶段写作水平优秀的同学出版个人作文集，这些都是激励学生进行阅读的竞争性评价措施。

学生的阅读过程是一个由少到多、由浅入深、日积月累的过程。要想取得良好的阅读效果，就需要建立一套科学有效的评价机制，对学生的阅读活动做出科学、客观的评价，从而激发学生的阅读兴趣，为学生综合素质的提高和未来的可持续发展打下坚实的基础。

第三节　阅读指导：促进认知发展的深度阅读

北师大郭华教授曾指出："深度学习是学生主动的、有意义的、自主参与学习的过程。其特征表现为学生能根据当前的学习活动调动、激发以往的知识经验，对学习内容加以组织，建构出自己的知识结构；在学习的过程中展开了积极的合作与沟通；能够抓住教学内容的关键特征；全面把握学科知识的本质联系；能将学到的知识迁移与运用。"①

人物传记有别于一般的写人叙事文章，是对典型人物的生平、生活、精神等领域进行系统描述、介绍的一种文学作品形式。作品追求"真、信、活"，以达到对人物特征和人物深层精神的表达和反映。

《普通高中语文课程标准（2017年版）》指出："阅读古今中外的人物传记、回忆录等作品，能把握基本事实，了解传主的人生轨迹，从中获得有益的人生启示，并形成有一定深度的思考和判断。"那么，小学生在阅读人物传记时应达到哪些目标呢？

第一，了解人物的人生经历。人物传记讲述的是一个人一生的

---

① 郭华．深度学习及其意义［J］．课程·教材·教法，2016，36（11）：25-32．

经历，或者其最有成就的人生片段，选择的都是最能反映人物特征的典型事例。了解这些事件是读懂人物的必经之路。

第二，促进思维品质的发展。读人物传记时，一个重要的学习目标就是把握人物的精神品质，即通过深度阅读整本书来认识一个立体的人。

第三，获得人生启迪。阅读一本人物传记，就像走入一个全新的生活圈子。传主的言行思想会带给读者不一样的冲击和体验，学生可以从传主的经历中获得有意义的人生启迪，从而激励学生树立正确的人生观、世界观、价值观。

我校学生在自主阅读人物传记时存在一定的优势和劣势。优势在于学校有良好的阅读氛围，学生们热爱阅读，且在课内阅读中，学生已习得一些阅读方法，如画批、思维工具的运用等，这些可以辅助学生进行课外阅读。劣势在于如下几点：

（1）学生在阅读时只关注具体的故事情节，忽视事件之间的关联。

（2）学生阅读中缺乏对人物深入、全面的了解。

（3）学生阅读时脱离生活，无法从人物身上汲取营养。

根据人物传记阅读的目标和学生当下的学情，教师在教学时努力指导学生深度学习。

一、探究阅读人物传记的基本策略

依据人物传记特点，在阅读指导过程中，师生共同探讨有效的阅读策略。

（一）用学习工具帮助了解传主人生经历

学生阅读时，注意力总是聚焦于人物身上发生的故事，但梳理传主一生中的重要事件才是阅读人物传记的首要任务。在实际阅读活动中，教师会指导学生运用思维工具，帮助学生读懂图书内容。

在阅读《中国铁路之父：詹天佑传》时，学生借助图表、思维导图、曲线图，以时间为序梳理詹天佑的人生轨迹，列举詹天佑一生中的重大事件。纵观梳理的结果，通过事件的彼此关联，学生可以很清晰地看到詹天佑如何把自己的一生都奉献给他所钟爱的中国铁路事业。

阅读《民族魂——鲁迅传》时，教师指导学生采用通读后为鲁迅撰写“求职简历”的教学策略。简历中包括个人信息、学习经历、工作经历、主要作品、社会兼职。学生通过阅读获取信息，归纳整合后填写表格，在一系列阅读活动之后实现对人物的基本认知。在此基础上，教师指导学生选出鲁迅人生重大节点的五件事，再做深度阅读。

《杜甫传》的阅读中则运用了从不同角度梳理人生轨迹的方法。教师指导学生把书上的十三个阶段进行重组，学生自主选择“按照年龄”“人生转折点”“居所变动”等方式梳理杜甫的一生。

根据传记的编写特点采用多种形式梳理人物的人生轨迹，可以帮助学生了解传主的主要经历，感受传主思想情感的变化，明晰事件之间的内在联系，从而在阅读活动中培养学生的概括能力，发展学生思维的系统性。

（二）部分精读，感受人物精神品质

梳理人物的人生轨迹只是让学生对人物有一个整体的认识。每一位传主都有他独特的个性或品质，要真正地了解传主，还需要对重点内容进行精读。

1. 精读人物一生中的重要事件

人的一生是漫长而波澜起伏的，阅读对人物一生产生重要影响的事件可以更好地帮助人们掌握人物突出的成就或思想品质。在阅读《民族魂——鲁迅传》的过程中，学生通过自读、小组交流确定

了鲁迅一生中的五个重要事件。接下来，教师请学生在五件事中选择感兴趣的一两件事读一读，结合内容说说它们共同反映出鲁迅先生的哪些品质。学生在课堂上再次阅读相关的章节，通过文字感受了鲁迅那颗炽热的、忧国忧民的爱国之心。

2. 从题目入手精读片段

一本人物传记的书名往往是对传主一生的高度概括，因此从题目切入精读环节也是很好的阅读方法。《中国铁路之父：詹天佑传》的精读指导课上，教师先请学生解题，询问“中国铁路之父”是什么意思。接着师生共同探究：“为什么说詹天佑是中国铁路第一人呢？他对铁路建设有哪些贡献呢？”教师发挥示范作用，引领学生共同浏览第 160 页第一自然段和第 161 页，了解詹天佑制定了第一部铁路工程技术标准规范、重视铁路两旁的植树绿化等历史事实，这些都是詹天佑对铁路事业的突出贡献。书中还有哪些体现他“中国铁路第一人”的事情？教师引导学生自主阅读相关章节，用思维导图记录下自己的发现。最后全班交流，达成共识，由此深入了解詹天佑被称为“中国铁路之父”的原因。

3. 通过精读作品了解人物

杜甫和老舍是学生熟悉的文学家，他们的文学成就突出。教师引导学生精读他们的作品，通过传主的文字反观传主。阅读《杜甫传》时，教师引导学生几次阅读杜甫的诗句：看图背诵古诗，唤醒学生已有的认知；将古诗与杜甫的人生经历一一对应，感受作者的心路历程；精读书中的四首代表作，感悟作者的思想感情。“诗言志”，上述作品既是传主对“物”的世界的再现，也是传主这个“人”的心灵的再现。引导学生阅读传主的代表作是帮助学生走入人物内心世界的重要途径。

（三）在具体语境中评价人物

在阅读人物传记后，读者对传主的是非功过自有评说。小学生对人物做的评价容易是贴标签式的、零碎的。为了改变这种情况，在教学中教师会努力创造一个情境来引导学生完成人物评价任务，最常用的方式有撰写颁奖词或墓志铭。例如，精读《中国铁路之父：詹天佑传》后，教师提供了颁奖词的样例，请学生模仿样例为詹天佑写一段颁奖词。有了样例的指引，学生的表达变得有依据，表达的意思更为全面完整，这有助于学生语言表达能力的提升。

了解传主的人生经历、感悟传主的精神品质、评价人物，这些都是阅读人物传记的基本任务。除了常用的教学策略，教师还会根据传记特征、阅读者的元认知发现更多有效的教学策略。

二、阅读人物传记，形成人物多元评价

阅读人物传记是提高人们思想品德修养的重要方式。学生在阅读传记时，可通过人物的语言、心理、行为和人生中的典型事件看到人物内在的精神品质，并结合阅读的内容和自己的人生经验对人物做出评价。

北师大版六年级下册的课本中出现了人物小传《詹天佑》，受篇幅所限，课文只呈现了人物最突出的事迹。文章虽短，但也点燃了学生继续了解人物，阅读整本书的热情。

传记《中国铁路之父：詹天佑传》对传主的一生进行了真实、详细的描述。课堂上学生梳理传主的主要事件，阅读典型事件，形成了对传主更丰富的认识。例如，在阅读《中国铁路之父：詹天佑传》时，学生读到詹天佑少年留学的经历，知道了他具有刻苦的精神，从小就有远大的志向；阅读全书后，学生们除了看到詹天佑作为工程师投身铁路建设的奉献精神，也看到了他作为父亲慈爱可亲的一面。

除了对詹天佑的全面认识，在围绕“为什么称詹天佑为中国铁路之父”这个问题局部精读课文后，学生对詹天佑的认识也更加深入了。因此，最后在对人物做出评价时，学生写出了不一样的颁奖词。

学生1：他是一位真正的工程师。当他只有十几岁时，他已经出国留学；当他成年后，他考入了耶鲁大学土木工程系；当他归国后，他第一个想到的是为祖国效力。喜看中国铁路，不忘詹天佑。

学生2：他是一位爱国的杰出工程师。当他修筑京张铁路时，他不怕困难，不怕嘲笑，毅然接受了任务；当京张铁路修筑成功时，他给了曾经嘲笑他的人一个有力的回击。就是他，建造了中国第一条不任用外国人员，由中国人自行建设完成的铁路。他就是有“中国铁路之父”之称的詹天佑。

学生3：一段铁路，留下了他深深的脚印；
　　　　一段铁路，留下了他辛勤的汗滴；
　　　　一段铁路，留下了他长长的背影。

学生各具特色的评价源自内心的真情实感。在评价传主的同时，学生也在反观自己。詹天佑的爱国情怀、一丝不苟的科学精神、淡泊名利的品质都像一面镜子照进学生的心底，潜移默化地引发学生对自己的反思。

三、自主建构人物传记的文体知识

传记作为一个独立的文体，有自己的特点。它兼顾真实性和文学性，并具有教育性。

人物传记通过真实可靠的事实为学生呈现了一个全新的世界，不仅塑造了特定背景下丰满鲜活的传主形象，还让学生通过作品了解传主所处时代的特点，再现当时真实的社会风貌，让学生看到时代和环境对传主性格命运的影响。《中国铁路之父：詹天佑传》中，除了詹天佑修建京张铁路、滦河大桥的事例让学生印象深刻外，他出国留学时刻苦学习、乐于接受新鲜事物、兴趣广泛这些鲜为人知的事迹也让学生津津乐道，并且从中了解了少年时的这些经历与詹天佑后来的成功有着密不可分的关系。清末，政府的软弱无能阻碍了科技的发展，詹天佑在这样的情况下初心不改、忍辱负重、兢兢业业，修建了我国第一条铁路。面对重重压力与挑战，詹天佑没有退缩，这份深厚的爱国情怀自然而然地感染着学生。读过《民族魂——鲁迅传》，在学生心目中，鲁迅也不再仅仅是一位作家，他内心的觉醒与他的奋斗精神更加让人震撼。

这些深刻的认识不是由教师讲解得来，不是上网收集资料获取的，它来自学生的潜心阅读和在阅读活动中获得的体验。例如，阅读《杜甫传》时，教师为学生提供了杜甫一生四个时期生活状态的相关资料，请学生再次阅读从前学过的杜甫的诗，推测这些诗各是他哪个人生阶段的作品。活动中学生不仅加深了对作家作品的了解，也感受到在大的时代背景下杜甫的心路历程和思想的转变。

传记作品的文学性是指在严格尊重历史事实、符合人物性格、符合事物发展逻辑的前提下，借助想象、联想、夸张和推理等手法对人物、事件、情节、场景、心理、细节等做适当的艺术加工。作者通过详略有别的叙事策略、跌宕起伏的情节设置、生动形象的动作描写、极具个性的语言表达、精妙细致的细节捕捉、细腻深入的心理刻画、爱憎分明的议论抒情、准确鲜明的人物塑造，使作品在记述历史真实的同时富有文采而更具可读性和感染力。[①] 除此之外，人物传记还具有指导写作的作用，优秀的人物传记中的环境描写、人物塑造、内心独白、谋篇布局等都是学生写作的范本。例如，阅读《中国铁路之父：詹天佑传》后，教师设计了为这本传记创编目录的活动，鼓励学生结合自己的阅读体验选择新的视角重组本书

① 肖永霞．新课标下高中传记作品教学研究［D］．贵州师范大学，2014．

各部分内容。

传记作品具有教育激励功能，能够为学生树立榜样，让传主走进学生的心灵，成为学生成长路上的引路人和力量之源。阅读是润物无声的浸染。尽管阅读传记时，更多的效果是滞后的，但是阅读人物传记是在学生的人生旅途上种下生命种子的过程。“见贤思齐焉，见不贤而内自省也”，传主宝贵的人生经验、伟大的意志品质，会带给学生正面的指引。即便是失败的经历，也可以作为人生教训让学生引以为戒。

四、合作与沟通的学习方式促进思维发展

阅读是一种独立的行为。学生静静地走进文本，在阅读中会不由自主地带着自己的生活经验与感悟去理解内容。例如,在阅读中，学生会用批注的方式记录自己的体会，或者通过阅读记录单边读边品人物。个人的阅读体验是必不可少的,但也有局限性。这样一来，合作学习的优势就凸显出来。学生能够在合作中分享自己对内容的理解和对人物的认知；在合作中解决问题，讨论辨析，达成共识；在合作中碰撞出新的感悟，构建新的认知体系。例如，当学生通读《杜甫传》后，学生召开班级交流会，诵读杜甫的诗词，体会诗词中蕴含的情感，为进一步精读做准备。学生阅读《中国铁路之父：詹天佑传》后，根据自己的认识提炼人物一生的重要事件，构成人生轨迹图。课堂上，学生在小组内交流讨论，到底哪些是詹天佑一生的重要事件。大家积极地辩论，各抒己见，最终确定人物一生的重要事件，修改自己画的人生轨迹图，同时建构起对重要事件的界定——人物的突出贡献和发生在人生转折点的事件。这一经验的获得，为阅读其他人物传记提供了有力的支撑。

人物传记阅读过程是学生应用已有阅读经验和建构新的阅读经验的融合。学生在阅读中会运用已习得的阅读方法，通过从自读

感悟到合作学习的途径深度阅读，建构新的阅读策略。

第四节　阅读评价：立足认知分级的表现性评价

整本书阅读是语文阅读的重要组成部分，与单篇文章阅读相比，整本书阅读更有助于学生培养阅读兴趣、形成阅读习惯、训练阅读方法、提升阅读能力。对于让学生多读书、读好书、读整本书，冲破语文教学单篇为主的狭小格局，教师们拥有共识且充满期冀。但由于整本书的自身特点和在教学实施中的限制，整本书阅读实践呈现简单的提倡和一般化的结果验收相矛盾的现象。学生究竟读没读，读得怎么样，教师很难有准确的了解。

一、思考：关注整本书阅读评价方式

北京教育学院吴欣歆教授认为："整本书阅读的评价目的为判断、推进和内化，即判断学生现有的阅读水平，借助明确清晰的评价标准推进学生阅读能力的提升，在此过程中实现评价标准的内化，让学生带着明确的标准开启未来的阅读。"① 整本书阅读需要以科学有效、灵活多元的评价标准来衡量学生的阅读效果，既要重视评价结果，也要关注评价过程；既要进行标准化考试，也要结合表现性评价；既要有统一的评价标准，也要关注学生的层次差异；既要发挥教师评价的主导作用，也要充分发挥学生、家长等评价主体的积极作用。② 我校开展的人物传记整本书阅读活动，在阅读评价方面，主要采用立足于认知分级的表现性评价形式，以此来掌握学

---

① 吴欣歆．语文课程视野下的整本书阅读 [J]．课程 · 教材 · 教法，2017，37（5）：22-26．

② 赵霞．整本书阅读，如何评价？[J]．基础教育课程，2018（11）：60-64．

生在阅读人物传记时的认知水平。

二、定位：明确认知分级的表现性评价内涵

（一）表现性评价内涵与特点

表现性评价（performance assessment）是 20 世纪 90 年代美国兴起的一种评价方式，指的是：“教师让学生在真实或模拟的生活环境中，运用先前获得的知识解决某个新问题或创造某种东西，以考查学生知识与技能的掌握程度，以及实践、问题解决、交流合作和批判性思考等多种复杂能力的发展状况。”表现性评价是注重过程的评价，在课堂教学与评价中受到普遍的重视和推广。在课堂教学中，表现性评价指的是通过客观测验以外的行动、表演、展示、操作、写作等更真实的表现来评价学生的口头表达能力、文字表达能力、思维能力、创造能力、实践能力的评价方法。

表现性评价又可以分为两种，一种是限制式的表现性评价，一种是开放式（或扩展式）的表现性评价。限制式的表现性评价对评价的任务、目标有非常明确的要求，而且对被评价者的行动做了一定的限制。例如，传统的闭卷考试其实就属于典型的限制式的表现性评价。开放式的表现性评价是一种对被评价者完成评价任务的材料、方法、结果不做限制的评价方法。例如，要求学生以“抗日战争”为主题做一次演讲就是一种开放式的表现性评价。开放式的表现性评价具有以下特点：① 评价时要求学生演示、创造、制作或动手做某事。② 要求激发学生高水准的思维能力和解题技能。③ 使用有意义的教学活动作为评价任务。④ 要有真实情境的运用。⑤ 人工评分、人工评判而不是用机器评分。⑥ 要求教师在教学和评价中担任新的角色。

（二）SOLO 分类理论

“SOLO”是著名教育心理学家比格斯（J. B. Biggs）创设的分类理论，它的英文全称为“Structure of the Observed Learning Outcome”，意思是可观测学习结果的结构。它注重观察被试者在回答问题时表现出来的思维结构水平，主张从学习结果结构上的复杂程度出发，评价学生的学习质量，重视认知过程的分析。

比格斯把学生对某个问题的学习结果由低到高划分为五个水平：① 前结构水平，学生没有形成对问题的理解，回答问题时逻辑混乱，要么拒绝回答问题，要么同义反复，要么瞎说一气，回答中根本没有一致性；② 单点结构水平，学习者只能联系单一事件回答问题，找到一个线索就立即跳到结论上去；③ 多点结构水平，学习者能联系多个有限的、孤立的素材解决问题，虽然想做到一致，但由于基本上只注意孤立的素材，未形成关于相关问题的认知网络；④ 关联结构水平，学习者利用问题线索，能联想多个事件，并能将多个事件联系起来，进行概括，解决问题；⑤ 抽象扩展结构水平，学习者能利用问题线索、相关素材和素材之间的相互关系及假设去解决问题，能对未经历的情境进行概括，其结论具有开放性特征，容许多个在逻辑上相容的解答。

根据不同人的不同阅读评价，可以运用“SOLO”的研究成果，把表现在阅读教学中的教师教学行为和学生行为作为观察点进行记录，掌握阅读名人传记时教师与学生的认知水平。

三、路径：评价贯穿人物传记阅读指导实施过程

我校的人物传记整本书阅读活动，是以课内阅读为基础，进行课外阅读范围圈定，然后根据教材与课外阅读的衔接点设计教程的。“整本书阅读的教学价值主要表现为扩大、提高、选择、营造四个方面，即多读书，增加阅读数量；读有品位的书，拓展

阅读领域；学生要具有自主选择的能力，能够选择合宜的阅读内容；学校应具有良好的阅读氛围，能够提供平台激发和维护学生的阅读兴趣，创设良好的情境开展阅读活动。”[①] 在此基础上，教师设计人物传记整本书阅读指导课的教程。北京教育学院吴欣歆教授在其《语文课程视野下的整本书阅读》中谈道：“整本书阅读的实施过程设计要充分体现其‘整’的特点，需要合理组合阅读与鉴赏活动、表达与交流活动、梳理与探究活动，帮助学生在基础阅读、检视阅读、分析阅读和主题阅读的基础上完成不同类型的学习活动，在此过程中丰富原有的言语实践经验，提高对语言和情感的审美品位。”[②]

整本书阅读评价的维度“重点关注学生的阅读量、阅读面，阅读的兴趣、习惯和方法，以及阅读过程中文本意义的生成和建构。目前，课标只规定了阅读量，但没有对阅读领域、阅读兴趣、阅读习惯和阅读方法提出具体的行为表现标准，需要各学校依据学生发展的实际确定”。[③] 我校在人物传记整本书阅读指导课上的评价方式以表现性评价为主，主要通过学生在阅读过程中提交的“作品”评价学生的阅读状态与质量。评价结果主要用于反思并重新确定整本书阅读的教学内容，明确学生阅读策略建构中出现的问题并提供解决的方案。

（一）实施过程设计——“整体规划”中的表现性作品评价

整体规划的主体包括教师和学生。教师根据书目特点整体规划自主阅读、集体讨论、展示交流、拓展延伸等教学活动，为学生设计“阅读学程”，借助学程完整呈现整本书阅读的一般流程，督促

---

① 吴欣歆．语文课程视野下的整本书阅读 [J]．课程 · 教材 · 教法，2017，37（05）：22–26．

② 同上．

③ 同上．

学生用科学合理的方式完成阅读任务。学生根据自身特点制订阅读计划，设计表格记录阅读过程和阶段成果。合理的整体规划能够对学生的阅读起到良好的促进作用。师生可共同设计阅读计划表的呈现形式，采用漂亮的纸张，设计图画装饰表格；艺术的呈现方式能够增加学生对计划表的喜爱。

以《中国铁路之父：詹天佑传》为例，人物传记阅读学程设计的整体框架如下：

表 2-2 《中国铁路之父：詹天佑传》学程设计整体框架表

教学阶段	主要内容	教学资源	设计意图
课内阅读	学习课本中《詹天佑》一课。通过詹天佑修建京张铁路这个事件，认识到詹天佑是一个杰出的爱国工程师。	学生绘制的思维导图。	1. 立足课内，初步对詹天佑形成自己的认识与评价。 2. 激发学生阅读《中国铁路之父：詹天佑传》的愿望。
课下通读	在一周的时间内自主阅读《中国铁路之父：詹天佑传》，完成阅读记录单，随时记录自己的阅读经历和对人物的简单评价。阅读后绘制詹天佑人生轨迹图。	1.《中国铁路之父：詹天佑传》。 2. 阅读记录单。	用记录单跟进学生阅读过程，学生随着阅读推进不断构建对人物的认识。
重点指导	交流、梳理好的詹天佑人生轨迹图。为《中国铁路之父：詹天佑传》创编新目录。	1. 每个人制作的詹天佑人生轨迹图。 2. 其他人物传记的目录。	梳理、提炼詹天佑一生中的重要事件。
难点突破	阅读与“中国铁路之父”有关的片段，为詹天佑写颁奖词。	颁奖词范例。	精读重点部分，了解称詹天佑为“中国铁路之父”的原因。撰写颁奖词，描述阅读感受，树立人生榜样。
延伸阅读	自主阅读其他科学家传记，完成阅读卡。	推荐书目。	在新的阅读实践中应用阅读方法。

如上表所示，教师根据《中国铁路之父：詹天佑传》书目的特点整体规划了整本书阅读的教学流程。美国教育评定技术处（The U.S.Office of Technology Assessment，1992）将表现性评价界定为通过学生在完成实际任务时的表现和展示的作品来判断学生所获得的知识和技能。也就是说，学生自己必须创造出问题的解决方法（即答案），或用自己的行为表现来证明自己的学习过程和结果，而不是从别人给出的答案中选择某一个答案。

在《中国铁路之父:詹天佑传》阅读教学指导整个实施过程中，表现性评价始终贯穿其中。评价方式主要是通过学生在阅读过程中提交的“作品”评价学生的阅读状态与质量。例如,课内阅读环节中，要求学生绘制思维导图；课下通读环节中，用记录单跟进学生阅读过程，学生随着阅读的推进不断构建对人物的认识。

表 2–3　《中国铁路之父：詹天佑》阅读记录单

日期	进度	我认识了这样的詹天佑	签名

又如在重点指导环节中，要求每个人制作詹天佑人生轨迹图，并参考其他人物传记的目录。

詹天佑人生轨迹

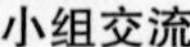

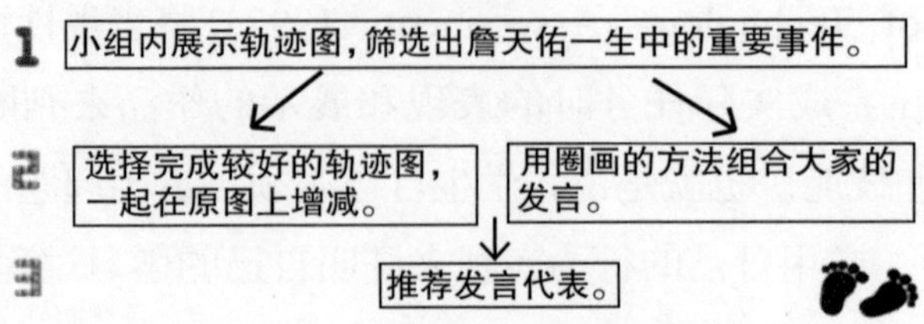

图 2-1　詹天佑人生轨迹图制作流程

1861 年 4 月 26 日　出生于广州府南海县（今佛山市南海区）。
1872 年 8 月 11 日　留学美国。
1878—1881 年　于耶鲁大学铁路工程专业学习。
1888 年　进入中国铁路公司，指挥唐津铁路铺轨工作。
1893 年　修建滦河大桥。
1902 年　修建新易铁路。
1905 年 5 月—1909 年 9 月　修建京张铁路。
1919 年 4 月 24 日　于汉口溘然长逝。

图 2-2　詹天佑人生轨迹图示例

而其中的难点突破环节是为詹天佑写颁奖词。教师让学生依照如下示例写出颁奖词。

袁隆平当选《感动中国》2004 年度人物

他是一位真正的耕耘者。当他还是一个乡村教师的时候，已经具有颠覆世界权威的胆识；当他名满天下的时候，却仍然只是专注于田畴。淡泊名利，一介农夫，播撒智慧，收获富足。

他毕生的梦想，就是让所有人远离饥饿。喜看稻菽千重浪，最是风流袁隆平。

在延伸阅读环节，则应要求在新的阅读实践中应用阅读方法，让学生自主阅读一些科学家的传记，完成阅读卡（如下表）。

表 2–4　阅读卡

阅读者姓名		班级	
书名			
出版社		字数	
记录我的发现			
传主	姓名	出生年月	籍贯
主要贡献			
对他的评价			
为传主写颁奖词			

推荐的科学家传记书目如下。

《中国现代科学家传记》，科学出版社出版。

《华罗庚传》（“十大华人科学家”丛书），河南文艺出版社出版。

《李四光传》（“十大华人科学家”丛书），河南文艺出版社出版。

《李政道传》（“十大华人科学家”丛书），河南文艺出版社出版。

《竺可桢传》（“十大华人科学家”丛书），河南文艺出版社出版。

《茅以升传》(“十大华人科学家”丛书)，河南文艺出版社出版。

《李远哲传》(“十大华人科学家”丛书)，河南文艺出版社出版。

《吴健雄传》(“十大华人科学家”丛书)，河南文艺出版社出版。

《魂牵心系原子梦:钱三强传》，中国科学技术出版社出版。

《两弹元勋邓稼先》，吉林人民出版社出版。

《陈芳允传》，中国青年出版社出版。

《孙家栋院士传记》，中国宇航出版社出版。

《梁思成传》，百花文艺出版社出版。

（二）实施过程设计——“整合内容”中的表现性评价

“整本书的学习活动设计在内容上突出表现为‘整合’，即需要通读全书才能完成的活动，活动过程‘强迫’学生在整本书中多走几个来回，整合信息、整合事件，梳理全书的人物关系等。”[①] 例如，《中国铁路之父：詹天佑传》中让学生对比阅读单篇课文《詹天佑》和《中国铁路之父:詹天佑传》整本书，说说分别有哪些不同的收获，并在通读完整本书后为詹天佑写一段颁奖词。再如，在《民族魂——鲁迅传》的阅读指导课中，让学生写一写鲁迅先生一生中一定要记录的五件事，通过这五件事，品读鲁迅先生有哪些品质。又如，通读完《老舍——新中国第一位“人民艺术家”》后，为老舍先生写颁奖词等。

表现性评价侧重于评价学生实际操作的能力，要求学生建构各自独特的答案，且答案不存在对错之分，只存在程度之别（如优秀、

① 吴欣歆．语文课程视野下的整本书阅读［J］．课程·教材·教法，2017，37（5）：22–26．

中等、合格或不合格）；不提供备选答案，以便使学生有充分的自由作答。学生在整个阅读过程中，通过比较不同作品中的人物、写颁奖词等，不断地提交阅读作业，输出自己个性化的见解。教师则通过学生的阅读作业掌握学生的学习与认知水平，对学生做出评价。随着作业不断改进，学生的阅读方法与思维层次也不断地提升。

（三）实施过程设计——“整套任务”中的表现性任务设定

整本书的阅读任务应该是共同指向目标达成的一套任务。例如，阅读《中国铁路之父：詹天佑传》，教师共设计了 6 个彼此关联的学习活动和 3 节阅读指导课来达成预期目标。

（1）学习单篇课文《詹天佑》，绘制思维导图，了解文章组织材料的特点。

（2）自由阅读《中国铁路之父：詹天佑传》，填写阅读记录单，绘制詹天佑人生轨迹图。

（3）初步读懂《中国铁路之父：詹天佑传》，编写《詹天佑新传》目录。

（4）《中国铁路之父：詹天佑传》故事会。

（5）局部精读《中国铁路之父：詹天佑传》，编写颁奖词。

（6）自由选读其他人物传记，借助阅读卡，阅读自己喜欢的人物传记。

第一个活动要求由课内阅读向课外阅读延伸，初步感悟人物品质；第二个活动指向对传主人生中的重大事件和突出业绩的掌握；第三个活动是重新建构对整个故事的理解；第四个活动是讲与“中国铁路之父”关系密切的故事；第五个活动是对传主进行评价；第六个活动是要求学生继续阅读科学家传记，在新的阅读实践中应用阅读方法。6 个活动穿插于 3 节阅读指导课之中，形成一条思维能力层层递进的活动链。这 3 节课是由课内到课外，由单篇课文到整本书阅读，由阅读单个科学家传记到阅读一组科学家传记。横向看，每节课的设计由若干有关联的体验式活动组成，每个活动都明确典型任务，设计教学流程，预设目标达成的标准；纵向看，3 节课之间也是有关联的，彼此互为影响，层层深入、层层递进。基于“体验式学习活动链”的传记阅读教学，让教师找到了以“语文学习活动设计”为突破口，推动并践行语文课程教学的路径。

表现性任务是与表现性评价紧密联系的一个重要概念。表现性评价实际上就是对被评价者在完成表现性任务过程中的表现情况进行的观察与评估。而所谓的表现性任务就是在表现性评价过程中评价者要求学生完成的具体任务。比如，在前文中，教师根据《中国铁路之父：詹天佑传》的书目特点，根据适当的教学情境设置恰当的教学任务。学生置身于真实的任务情境中，被要求完成不同的学习任务或创作不同的作品，教师则对学生完成任务的能力做出评价。

四、推进：认知分级的表现性评价

表现性评价强调“实作”与“表现”，其内涵非常契合整本书阅读素养评价要求。阅读素养的评价需要让孩子在真实的阅读活动中表现其所知所能，用作品证明其阅读能力高下与阅读量、阅读面广度达到何种程度等。表现性评价对于展示阅读素养有以下两大优势：一是能在真实的阅读活动情境中全面展示孩子多方面的阅读能力与素养；二是能根据展示的情况即时性、有针对性地提供过程性的指导与帮助。

整本书阅读提供的信息量大、信息链完整、信息关联度高，学生在阅读过程中需要通过变化的现象发现不变的本质，体验不断建构，解构，再建构，再解构的循环。随着整本书阅读的展开，学生能够体验到自身认识发展的变化。在整个整本书阅读活动设计中，根据不同的阅读目的，阅读过程需要进行整体规划、设计。简单的信息提取对学生阅读能力成长的作用有限，因此教师在整个人物传记阅读学程设计中，问题指向要能够促进学生的认知发展，要让学生感到具有挑战性，如需要学生边阅读边记录，或需要学生对阅读内容进行梳理、分类、整合、概括。

教师设计的问题类型要能促进学生阅读能力及认知水平的发展。那么，如何设计阅读指导中的问题类型才能做到并非简单地重复或提取，而是让学生真真正正能够对问题进行理解、整合以及迁移运用，进而提高阅读能力？ SOLO 分类法可以提供很好的参考。SOLO 分类法可以根据回答问题所需的认知能力和对问题的理解层次进行层级排列，教师和学生可以根据阅读指导课上的问题指向和学生对问题的反馈来观测教师的教学行为和学习行为。

下表为《中国铁路之父：詹天佑传》阅读指导。

表 2-5 《中国铁路之父：詹天佑传》阅读指导表

设问示例	问题指向	认知水平
个人梳理詹天佑人生轨迹图	基本信息的提取	单点结构
小组讨论绘制詹天佑人生轨迹图	对内容的理解分析、解决问题	多点结构
重写《中国铁路之父：詹天佑传》目录	抽象扩展结构水平	关联结构
为何称詹天佑是中国铁路之父?	抽象扩展结构水平，找到相互关系，解决问题	关联结构

下表为《民族魂——鲁迅传》阅读指导。

表 2–6　《民族魂——鲁迅传》阅读指导表

设问示例	问题指向	认知水平
帮助鲁迅先生填写求职简历	信息分类	关联结构
鲁迅先生人生中一定要记录的五件事	事件与人生关联，寻找人生的转折点	关联结构
通过五件事，品读鲁迅具有哪些品质	依据事件，做出评价	关联结构
写一写“我眼中的鲁迅先生”	对人物做出评价，重组认知	扩展结构

下表为《老舍——新中国第一位“人民艺术家”》阅读指导。

表 2–7　《老舍——新中国第一位“人民艺术家”》阅读指导表

设问示例	问题指向	认知水平
以时间为节点梳理老舍的作品	基本信息提取	单点结构
感悟经典作品中蕴含的思想感情	对内容进行理解、分析	多点结构
为老舍撰写颁奖词	关联结构水平	关联结构
写出对作家老舍新的认识	抽象扩展结构水平	关联结构

从以上表格中可以看出，教师在人物传记阅读指导课中设置的主要问题多为多点结构、关联结构和扩展结构，这就需要学生在阅读过程中能够处理和整合阅读任务的多个要素，并且能够超越阅读任务本身进行理解、概括，将认识迁移运用到新的领域。例如，《中国铁路之父：詹天佑传》阅读指导课中，教师让小组讨论、绘制詹天佑人生轨迹图。布置任务之前，学生已自行绘制完毕。教学实录片段如下。

教师：还有其他同学用其他的形式展示吗？来，你们组用的是什么形式？

学生 A：我们组不仅用了表格的形式，还有同学用了就像情节曲线图一样的折线图的形式。然后我们组还有一个特色，就是在这种折线图旁边，还写了同学们的一些感受。

教师：好，拿着你们的折线图从 1 组到 6 组转一圈，让大家看看。还有用其他形式的吗？已经有三种了。你用的呢？

学生 B：我用的是 U 形图。

教师：好，1 组到 3 组巡展一遍。还有吗？大家看，同学们的方法真是五花八门，但是都能梳理出詹天佑的人生轨迹来。结合刚才跟同学们的对话，请大家自己快速地修改一下自己制作的人生轨迹图，让它变得更完美。

在上述教学实录中，教师在阅读指导过程中主要运用表现性评价。表现性评价最主要的特点就是评价时要求学生演示或者动手做某事，以此激发学生高水准的思维能力。此外，表现性评价的目的不在于评价，也不在于给学生分等级或者贴标签。它很重视学生参与评价的过程，主张让学生成为评价的主体。在案例中，学生在课下个性化地绘制了多样的人生轨迹图，教师并没有一一进行评价，而是在课堂上逐一展示交流，让学生在评价的过程中学习，以生生评价为主，师生交流补充，使学生的个人体验和课堂情境教学融为一体。在综合的情境氛围中，学生会发现新的阅读方向，找到阅读能力的生长点，阶段成果由此有效地促进了学生阅读能力的进阶发展，并转化为下一阶段阅读的起点。

第三章

读名人传记效果初显

第一节　聚焦学生

在优秀的传记作品中，传主的一生就是一个丰富广阔的时代的写照。传记的现实感、深度和广度是其他文学样式难以比拟的。传记阅读对于提升学生的语文素养有很大的意义，也对教师的教育生涯有很大的帮助。阅读名人传记可以让师生很好地认识社会、认识自我、认识人生。

人物传记类文学作品注重内容的真实性和传主的榜样性。它们塑造了一个个立体丰满的人物形象。学生阅读这类作品，可以获得有益的人生启示，从而激励自己树立正确的人生观，实现精神成长。作为写人叙事文体的一种，人物传记类文学作品独特的文体知识、阅读策略知识等也是学生在阅读中能够获得的。

一、建构阅读的知识结构

在教学中，教师不仅要根据学生的实际情况开展教学，如关注学生的学习起点、关注学生的年龄特征和学段特征、关注学生的心理因素等，也要根据不同的文体设计不同的教学内容和阅读活动。

关于文体，《义务教育课程标准（2011 年版）案例式解读 · 小学语文》中说："文体就是文章的体裁，是文章作品在结构形式和语言表达上所呈现的具体样式或类别。"不同的文本，由于文体不同，在材料选择、谋篇布局、遣词造句方面的风格也不同，相应地，学生在阅读时应当拥有的知识结构也不同。这就需要教师具有文体意识。只有具备了文体意识，教师才能站在一定的高度来审视文本、审视文章的教学价值和文学价值。如散文的最大特点是“形散神不散”，在语言中蕴藏着丰富的人文情愫和真挚的情感，因而教师要抓住散文的特点来组织教学，围绕文本中的“神”引导学生透过语言文字“松散”的表象，真正走进课文的情韵之中，感受作者寄托在课文中的情思。

人物传记则是通过传主所经历的重要事件来表现传主的精神品质。“在人物传记类文本中，人与事密不可分，人物的个性和形象必须要在事件中才能有效凸显。可以说，没有事件的细致叙述，就不可能有人物鲜明的形象特征。根据表达需要的不同，作者常常借助一件或者多件事情的组合表现一个人或者一类人的特性。”① 如人物传记《中国铁路之父：詹天佑传》通过詹天佑赴美留学、引进西方先进的科学技术和学术思想、归国献身祖国铁路事业、推动中国近代化的光辉业绩，展现了詹天佑爱国、奋进、勇于创新的精神品质。《民族魂——鲁迅传》介绍了鲁迅的生平、思想，通过鲁迅的作品及其参加的活动等一系列人生中的重要事件，展现了作为“民族魂”的鲁迅不平凡的一生。人物传记是真实性和艺术性的统一，需要通过传主一生中的典型事件来表现其精神品质。这就需要学生能够知事品人，能够抓住传主典型事迹中的细节，通过人物的动作、语言、神态等来品味人物的精神品质，建构阅读的知识结构。教师借助于人物传记这一文体来培养学生的阅读能力，帮助学生建构关于人物传记文体的知识结构。

教师带领学生先从课内学习出发，初步认识人物传记通过重要事件反映人物某一方面突出品质的特点。教师选取了六年级下册“科学精神”这一单元的课文《詹天佑》作为切入点，通过这篇课文中的事件，可以看出詹天佑身上杰出的才干和坚定的爱国情怀。在

① 褚冬梅．依循创作规律，在“知事”中“品人”——简述人物传记的文体特征及教学策略[J]．小学教学研究，2018（6）：37-38．

教授这篇课文时，教师设计了“借助思维导图认识课文中的詹天佑”这样的活动，让学生从具体事件中走近詹天佑，感受他的精神品质。

课文选取了詹天佑一生中最突出的成就——修筑京张铁路详细进行描述。在活动中学生借助思维导图来梳理内容，结合重点词句体会人物品质。学生借助思维导图厘清了事情的因果，表达了自己对人物的不同评价。例如，在阅读了“勘测线路”这一事件后，学生就给出了多样化的对詹天佑的评价——不怕苦、细心、认真、一丝不苟、吃苦耐劳、勇敢、有责任心等。

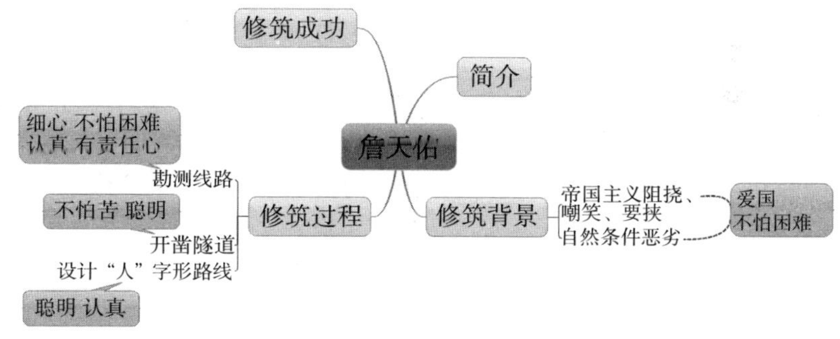

图 3-1 《詹天佑》思维导图

为了更丰满、更立体地认识人物形象，教师推荐学生阅读人物传记《中国铁路之父：詹天佑传》，并设计了这样的活动——认识历史中的詹天佑。学生在人物传记《中国铁路之父：詹天佑传》中捕捉多个典型事件、多个角度，更全面地了解了詹天佑的精神。从留学美国，学生看到了一个刻苦求学的詹天佑；从修建滦河大桥，学生看到了一个学识深厚的詹天佑；从修建新易铁路的前因后果，学生看到了一个随机应变、淡泊名利的詹天佑；从请求朋友给儿子捎寄硬币，学生看到了一个舐犊情深的詹天佑……

以上的每一个活动都承载了不同的学习目标。学生在一次次与语言文字接触、与课本对话中，了解了詹天佑一生中最重要的事迹。学生看到了一个真实、全面、有血有肉的詹天佑，建构了对人物精神品质的认知。在学习过程中，学生也认识到人物传记文学的真实性和艺术性，对人物传记这一文体有了了解。

二、提升合作与沟通的能力

学生是一个个独立的个体，对部分问题有自己独立的想法，但这样的想法或许是不完善的，或许是片面的，又或许是错误的。在这种情况下，需要集中大家的智慧，帮助一些学生提升思维水平，纠正他们对问题的看法。在学生的学习中需要合作与沟通，需要形成生生之间的互动和师生之间的互动。在人物传记的学习中，学生之间通力合作，进行观点的沟通、思维的碰撞，完善自己的认识，发展阅读能力。教师在人物传记的教学中，在策略的使用上成为学生之间合作与沟通的“脚手架”。如在《中国铁路之父：詹天佑传》的教学中，教师在阅读指导课上设计了这样的教学活动：

(1) 梳理詹天佑的人生轨迹，复现书中的重要事件。

(2) 创编目录，重新建构对整本书故事的了解。

指导重点：梳理詹天佑的人生轨迹，复现书中的重要事件。

教师给出的学习提示如下：

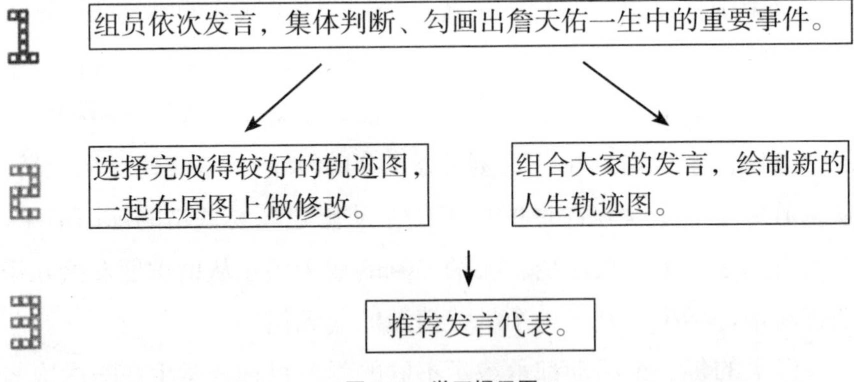

图 3–2　学习提示图

学生在组内分享自己的思维导图，对意见不一致处进行讨论、研究。这是学生之间的第一次思维碰撞。之后，学生在组内形成统一的对詹天佑人生重要事件的认识，在此基础上修改完善自己的思维导图。

詹天佑

1861年4月26日	詹天佑出生
1867年(6岁)	詹天佑开始上学，刻苦学习
1872年8月11日	赶赴美国学习
1873年春	詹天佑顺利进入康州威士哈芬海滨男生学校
1878年7月	詹天佑在山房高级中学”取得全校第2名，全班第1名。
1881年6月	获得耶鲁大学学士学位
1881年[illegible]6日	抵达上海
1887年	与谭菊珍结婚
1896年	津卢铁路成功修建
1903年	萍醴铁路通车
1903年	新易铁路通车
1905年5月[illegible]日	接受任务，建京张铁路
1905年10月2日	开始施工
1909年10月2日	京张铁路通车
1916年12月	获香港法律博士学位
1914年	大女儿去世
1919年4月24日 下午3:10(58岁)	去世
1922年	铜像落成

图 3–3　学生制作的詹天佑人生轨迹图（完善后）一

詹天佑　人生轨迹图

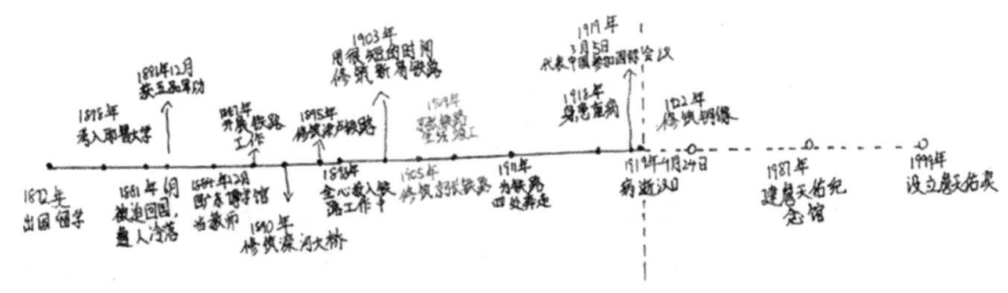

洵洵君子　永垂不朽

图 3–4　学生制作的詹天佑人生轨迹图（完善后）二

接着各组在全班进行分享，集中集体的智慧再次完善组内完善过的思维导图，形成全班的共识，这是生生之间第二次思维碰撞。思维的成果展现在完善的詹天佑人生轨迹图上。在两次的思维碰撞后，学生虽然只是做了几个简单的符号标记，但表达的却是对于人物传记这一文体的认识、对人物关键事件的认识、对人物品质的认识。认识上的聚焦，实际上就是对一个正确概念的把握。

学生在小组合作之前呈现的学习成果实际上是散点式的、没有重点的对詹天佑人生事件的简单罗列。如果借用SOLO结构来分析，则学生对任务的处理属于多结构水平，学生能够处理任务的多个方面，但是“只见树木不见森林”，抓不住重点。在思维碰撞后，学生用了不同的标记性符号完善自己的思维导图。特别是经过全班的讨论形成统一认识后，学生的认识上升到关联水平，能够很好地整合任务的多个方面，并能将这种方法应用于相似的情境中。经历了这样的思维碰撞后，学生在阅读其他人物的传记时就能够很快梳理出对传主具有重大影响和意义、关系到传主生命转折的关键事件。

在合作与交流中，有的同学能够主动展示自己的资料和想法，与他人分享智慧。在其他同学汇报时，他们也能认真倾听并尊重与自己不一致的观点。在合作交流、与他人交换意见时，他们能够正确评价自己和他人。

三、习得传记阅读基本策略、方法

《义务教育语文课程标准（2011年版）》指出：“语文课程还应通过优秀文化的熏陶感染，促进学生和谐发展，使他们提高思想道德修养和审美情趣，逐步形成良好的个性和健全的人格。”人物传记是“提高思想道德修养和审美情趣”的重要载体，而人物的精神品格并非在文本中直接呈现，是通过人物的语言、动作和关键事件来展现的。

因此，在阅读时，学生应使用一些阅读策略。合理有效的阅读策略能够提高学生的阅读兴趣，增进学生的阅读积累，提高学生的思维能力。

人物传记在大类上属于记叙文，因此适用于记叙文文体特征的阅读策略它都适用。但是，作为记叙文中一种具有独特性的文体，阅读人物传记也需要一些其他的阅读策略和方法。教师在指导学生课外阅读时，主要需要教会学生阅读这一类文章的方法。

（一）梳理传主经历，抓住关键事件品传主

1. 人生轨迹图

人物的精神品质离不开人物所做的事，因此应在梳理事件中把握人物的精神品质。学生借助人生轨迹图选择人物一生中的关键事件，学习从人生关键转折点看人物，了解人物的精神品质，综合、整体、发展地品读人物。根据自己的需要，学生在做人生轨迹图时可以采用不同的形式。

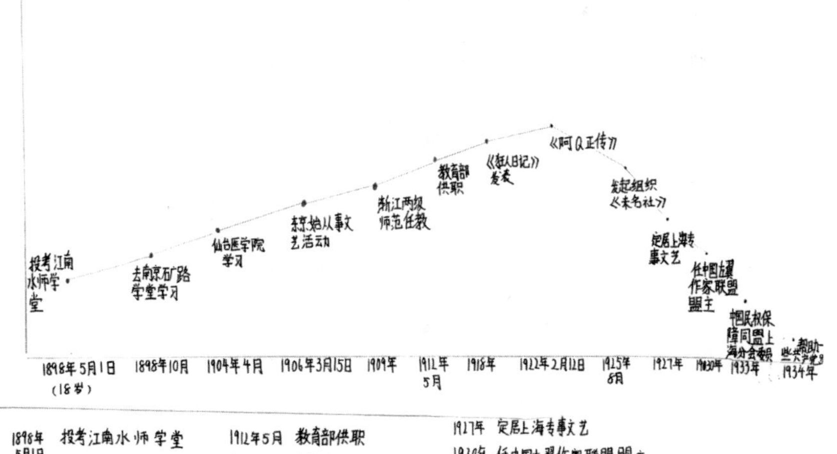

图 3–5　学生制作的鲁迅人生轨迹图

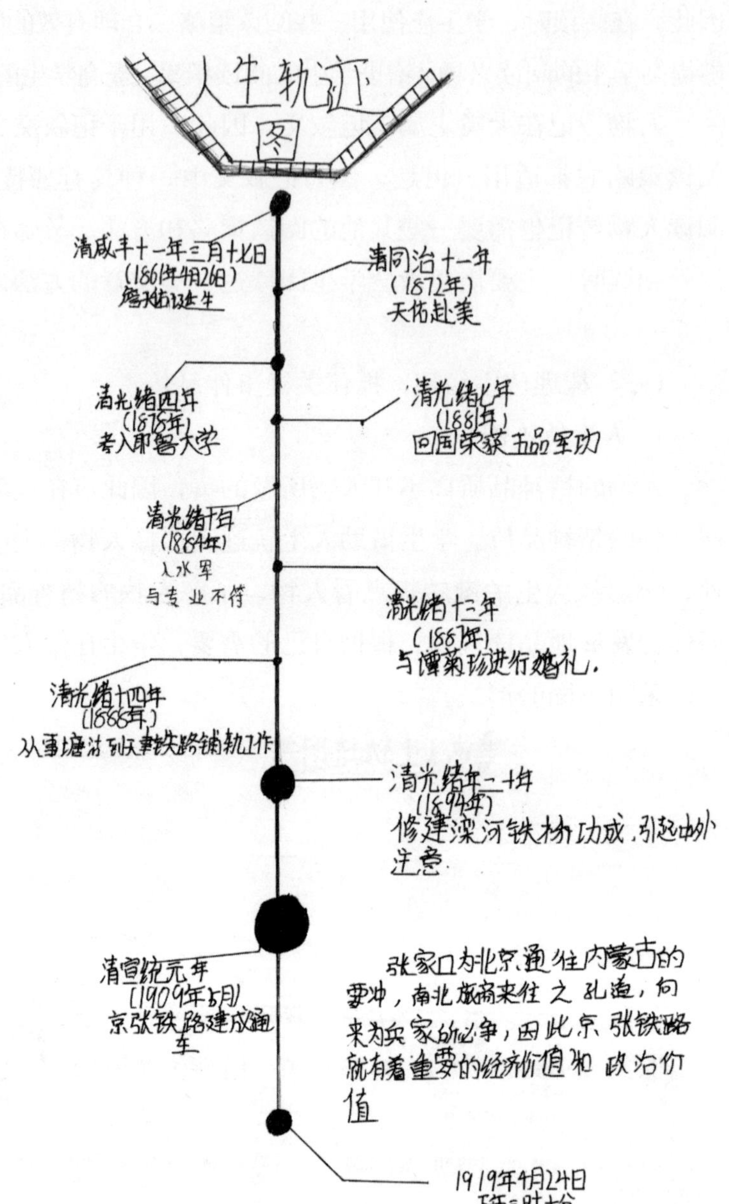

图 3–6 学生制作的詹天佑人生轨迹图

2. 人物简历

人物简历中要有人物的基本信息，根据传记的不同特点，可以在简历中写上出生年月、籍贯、姓名、性别、家庭情况、婚姻状况等。如果传主是文学家或社会活动家，还可以加入传主的主要作品、所参加的社会团体等。

3. 阅读卡

对一本人物传记进行的教学与阅读能够引申出对一组人物传记的阅读。在指导学生阅读完一本人物传记后，教师可以推荐学生阅读其他人物的传记，并给学生发相应的阅读卡（见第二章第四节表 2–4）。

学生借助这样的阅读卡，对选择的人物传记进行初步的内容梳理，这种方式有利于学生初步把握人物传记，适用于初步阅读阶段，展现的是学生对人物初步的认识，对人物基本信息的了解。

4. 思维导图

思维导图是一种可视化的思维工具，具有很强的直观性，在阅读中学生会经常需要使用。

（二）在读、写、说迁移中品人物

1. “排比句”的使用

如在《詹天佑》的教学中，教师根据北师大版语文教材三年级下册课文《李时珍》的内容撰写了一段评价李时珍的排比句，以此作为例句，让学生仿照例句，结合拓展阅读资料，书写自己眼中的詹天佑，例句如下。

（1）是他，见大夫能救死扶伤，便在孩童时立下为穷人治病的志愿；

是他，初出茅庐，行医问药，已有指出医书典籍中错误的胆识；

是他，怀揣着那份执着，走进大山，经风历雨，身试百种药草，成就医学巨著。

（2）一部《本草纲目》，讲述着一位医学家儿时的梦想；

一部《本草纲目》，见证了一位药物学家一心为民的执着；

一部《本草纲目》，记载的更是中华民族无穷的智慧。

排比句语言简练，但要求学生整体把握传记内容，对人物品质有整体的认识。教师以样例为学生学习如何评价人物提供参考。

2．颁奖词

颁奖词是结合某一主题，根据获奖对象的事迹所做的一种陈述评价性的礼仪文稿。通过颁奖词的形式，可以让大家了解获奖对象的事迹以及他们不同于常人的精神品质。人物传记是练写颁奖词的好素材，撰写颁奖词既让学生归纳了人物的功绩，又让学生提炼出人物的主要事迹，既对人物的精神品格进行了概括评价，还锻炼了文笔。如教师在讲授《詹天佑》时，出示了同单元课文《袁隆平》的传主袁隆平获得“感动中国 2004 年度人物”大奖时的颁奖词，引导学生学习如何以撰写颁奖词的方式表达阅读《中国铁路之父：詹天佑传》的所思所感，学生作品如下。

学生 1：他是一位真正的工程师。当他只有十几岁时，他已经出国留学；当他成年后，他考入了耶鲁大学土木工程系；当他归国后，他第一个想到的是为祖国效力。喜看中国铁路，不忘詹天佑。

学生 2：他是一位爱国的杰出工程师。当他修筑京张铁路时，他不怕困难，不怕嘲笑，毅然接受了任务；当京张铁路修筑成功时，他给了曾经嘲笑他的人一个有力的回击。就是他，建造了中国第一条不任用外国人员，由中国人自行建设完成的铁路。他就是有“中国铁路之父”之称的詹天佑。

学生3：是他主持修建了京张铁路；是他创造了“人”字形线路；是他用自己的行动实现了儿时梦想；试问他是谁？他，就是“中国铁路之父”——詹天佑。

3. 创编目录

目录是书籍之纲。正所谓纲举目张，目录是编写整本书的线索，阅读目录是快速了解传主、传记内容的途径之一。在整本书阅读指导课上，授课教师出示了几本传记的目录，引导学生通过观察发现目录的编写特点。同学们经过观察思考发现：有的目录是按时间顺序编写，有的是根据与传主有关的重要人物编排，有的是以传主做出的贡献、取得的突出成绩等为线索。

依据学生的发现，教师引导学生观察《中国铁路之父：詹天佑传》的目录，要求学生根据自己的阅读体验尝试为该书创编新目录。创编的过程是学生思维提升、思维整合、思维扩散、提高认识的过程。通过全班的合作与分享，学生之间互相吸收优秀的思想和智慧，深化了对传记的理解。

朱作仁先生说：“没有模仿就没有创造，模仿是创造的基础。在模仿中不断增加创造因素，在创造中难免留有模仿的痕迹，即使作家也不例外。”在撰写颁奖词、创编新目录、用排比句进行评价的过程中，教师常常出示实例。这样做的目的就是使学生有例子去模仿，在模仿中创造，从而将自己的阅读体验成功表达出来。

无论学生选择哪一种形式来写作，都抓住了人物的主要事迹和突出的品质，或记叙，或抒情，文字不多，但意味深长。每一位同学在朗读自己的作品时都是激情满怀、饱含敬意的。

4. 故事必听榜

在阅读《中国铁路之父：詹天佑传》时，教师创设了这样一个情境：今年是詹天佑诞辰 156 年，学校要录制《詹天佑故事必听榜》，请每个人先在小组内讲述詹天佑人生中打动你的故事，各小组再推荐必听故事，按得票推荐前两个。具体要求如下：

(1) 各小组推荐：每个人讲述故事，小组内形成共识，形成推荐结果。

(2) 全班形成共识：黑板上展示每个小组的推荐结果，大家讨论，陈述理由，达成共识，形成必听詹天佑故事榜单。

这种阅读策略将学生置于一个具体的情境中，学生的兴趣很高，阅读气氛浓厚。

5. 观后感

在学生阅读过整本人物传记并对传主及其精神品质有了一定认识之后，教师推荐学生观看以传主为主要人物的电影，以这种方式辅助阅读，丰富学生对人物的认识。观影结束后，要求学生完成一定的作业，如写观后感等。例如，在阅读完人物传记《中国铁路之父：詹天佑传》后，学生对詹天佑有了多角度的认识，此时教师推荐学生观看电影《詹天佑》，并用思维导图展示阅读、观影收获。学生通过多次阅读以及观看影视作品，对詹天佑的形象已经有了一个丰满的认识。传主的精神品质已经内化在学生的心中。

6. 腰封

腰封是每本人物传记“浓缩的精华”。在内容上常常是对传主人格品质的高度概括，语言高度凝练，外观设计美观、大方。教师可以引导学生在阅读后试着为人物传记写腰封。这样既锻炼了学生对文本的把握梳理，又考查了学生对传主精神品质的认识。

7. 日记

在指导人物传记阅读时，为了让学生对传主一生中的关键事件、传主一生中的重要人物等有充分的认识，有的教师还会设计让学生代传主写日记的环节。“假设你就是传主本人，会在日记中记下哪一天发生的事呢？”学生会认真思考哪一天对于传主来说是重要、难忘、意义深刻、影响巨大的等。这实际上是引导学生用另一种方式把握内容、认识人物的品质。

总之，学生通过阅读人物传记逐步培养了自主阅读能力，逐步学会了阅读人物传记的方法。在学习《民族魂——鲁迅传》后，教师组织学生参观鲁迅故居。在鲁迅故居，学生纷纷回忆了《民族魂——鲁迅传》中描写鲁迅故居的段落，如今学生身临其境，又有了新的感受，纷纷用笔写下了自己的所观、所思、所想。这样的感受中既有对书面文字的平面回忆，也有对文字立体化的新认识。我校教师在人物传记阅读策略指导上给予学生切实可行的支撑，提供了有效的路径，学生可以循此了解人物事迹，走进人物内心。

第二节　聚焦教师

教师以学生价值的实现来实现自我的价值，就像毕恒达在《教授为什么没告诉我：论文写作枕边书》中所言：“研究不只是对于‘外在’现象的了解，它其实反映了我们的先前理解。亦即不是在白纸上加了一些图案而已，它让我们反省我们原来是这样看世界的，其间也必然导致了研究者的自我学习与转变。”[①] 在名人传记阅读的行动研究中，参与的教师都有不同程度的转变与提升。教师们思考问题的角度在发生变化，备课的整体意识在增强，自身阅读能力在提升，对学生阅读能力的评价方式更加多元化。在名人传记阅读的教学过程中，教师与学生共同学习、共同进步，在一次次教学实践中提升

① 毕恒达．教授为什么没告诉我：论文写作枕边书［M］．北京：法律出版社，2009（7）：2-5.

自己的学科素养。

一、教师备课的变化

备课是上好课的重要前提。精心准备的课总是能引人入胜，能够使学生全身心投入、收获颇丰。开展名人传记阅读研究后，教师们的备课水平在使学生学有所得的同时也得到了提升。

（一）备课的整体意识增强

教师们在备课思路上的整体意识明显增强，能够立足整体把握主题单元的教学内容，超越“篇”的局限，在大的视野下整合资源、设计教学；从单元整体上确定教学目标、整合教学内容、分配教学时间、调节课时顺序并设计具备综合性与开放性的作业。在这样一种意识的鞭策下，我校开始进行单元整体备课，并设计了单元整体备课的模板。

表 3–1　单元整体备课模板

<table>
<tr><th colspan="2">第一部分：单元教学设计</th></tr>
<tr><td>单元学习主题</td><td></td></tr>
<tr><th colspan="2">单元内容分析</th></tr>
<tr><td colspan="2"></td></tr>
<tr><th colspan="2">学习者分析</th></tr>
<tr><td colspan="2"></td></tr>
</table>

续表

单元教学目标（含重点、难点、学科核心素养）	
单元整体教学思路（可附教学结构图）	
第二部分：课时教学设计	
课　题	
指导思想与理论依据	
内容分析	
学习者分析	
教学目标（含重点、难点）	

续表

教学过程与教学资源设计（可附教学流程图，含板书设计）
学习效果评价设计
教学反思（300—500 字）

（二）教学设计理念不断更新

教师在进行教学设计时更加关注文本的教学价值和文学价值，从学生的体验、探究和自我建构出发设计活动，注重教学策略的丰富性，提高学生学习和阅读的兴趣。

1. 活动设计体现“体验、探究、建构”的理念

在学生作为一个自然人获得阅读初体验时，教师会给学生一张阅读记录单，要求学生及时记录下自己的阅读体验。这张记录单上的内容不仅是学生阅读的过程性记录，还可以成为教师设计阅读指导时的依据。例如，在进行人物传记《中国铁路之父：詹天佑传》教学时，教师设计了这样一个学习活动：创编新目录。教师先让学生认真观察《中国铁路之父：詹天佑传》的目录，然后又给学生出示了其他人物传记的目录，并引导学生认真观察这些目录的编写特点。在此基础上教师将学生引入这样一个情境：

假如现在你要为詹天佑写一本新的传记——《詹天佑新传》，你会怎样设计你的目录呢？

在此过程中，学生从给定的传记作品的目录中了解到人物传记作品目录的特点，并通过探究、讨论形成了对目录的新认识，不仅了解了人物传记目录包括的内容，还知道了目录不是唯一的，它与传主的人生经历有很大的关系等，并基于这些观点建构了《詹天佑新传》的目录。学生从认识目录到了解目录的一般特点，再到自己尝试创编目录的过程，是自我体验、合作探究、自我建构的过程。在其他一些阅读指导课中，很多教师举一反三，从以上理念出发进行活动设计。

2. 教学策略的丰富

在备课中，教师更加关注教学策略的多样化应用。针对不同的教学内容，教师会设计相应的策略方法。有的活动现场感很强，学生身临其境，在快乐体验中完成阅读任务；有的活动能够充分发挥学生的能动性和创造能力，延展了学生思维的半径；有的活动更加注重合作与沟通，给学生提供了充分表达、交流自己想法的机会；有的活动则需要学生平心静气，在自我思考和反复揣摩中建构认识。如在《中国铁路之父:詹天佑传》的教学中,学生借助绘制“詹天佑人生轨迹图”来完成对《中国铁路之父：詹天佑传》内容的梳理，了解詹天佑一生中的重要事件，在绘制轨迹图时发挥自己的创造力，使得学习成果的形式多种多样。

在内容的梳理上，教师们还使用了其他不同形式的策略工具，如“人生履历表”“通读阅读单”“大事年表”“人物档案”“作品档案”等。欣赏传记作品的关键是了解传主的品质，从传主不平凡的事迹中获得潜移默化的影响。在对人物品质的深入解读中，教师会给学生提供许多可利用的阅读工具，以便加深学生对人物的认识，如为人物写“颁奖词”“墓志铭”“追悼词”“日记”,针对传记内容写“对联”等。在深入阅读阶段，学生要把握内容、认识人物，了解传主人生中重要的人物。此时教师会设计这样的活动，如“如果要为传主拍摄一个纪录片，这个纪录片中会出现哪些人物？”“为传主建一座纪念馆，你会在哪里选址？纪念馆的展厅怎么布置？纪念馆的塑像如何设计？”等。

二、教师有了持续阅读的动力

教师的阅读热情会影响学生的阅读兴趣。一位爱读书的教师不仅更容易通过读书促进自己的成长，也能为学生的成长提供积极的人格力量。名人传记阅读活动的开展激发了我校教师读书的热情，点燃了教师的阅读愿望。闲来无事翻翻书已经成为教师们茶余饭后的习惯。在办公室、教育综合馆、党员活动室、图书馆、阅览室等公共场所，没有课的教师忙完了批改作业的任务后都会主动捧起一本书认真阅读。

教师们用自己的阅读体验来感染学生，带动学生阅读。假期里，教师不光有自己的阅读计划，也要帮助孩子有计划地展开阅读。每学期教师可以自选 10 本书，由学校出资购买。阅读完自己购买的 10 本书后，年级组或者学科组内的教师会主动互换图书来阅读，既做到了节省资金，又能最大限度地增加阅读积累。

长期的阅读积累和良好的阅读习惯提高了教师的阅读能力，充实了教师的思想和人格，在给学生推荐阅读书目和答疑解惑时，教师的指导变得更加专业化和系统化。长期的阅读积累和不间断的阅读活动不仅提高了教师的专业素养，也坚定了教师对教育的信念。

三、教师命题视角的改变

莫提默 · J. 艾德勒和查尔斯 · 范多伦在他们的著作《如何阅

读一本书》中指出："不管你学到的是有关这本书的知识或有关世界的知识，如果你运用的只是你的记忆力，其实你除了那些讯息之外一无所获。"[①] 这就启发教师在考查学生阅读能力时应避免仅仅考查独立的、机械的、零碎的记忆性知识，而要更多地关注学生对整本书或整篇文章整体的感受、理解、欣赏、评价和应用，引导学生学会阅读、主动思考、积极评价，凸显阅读的深度，拓宽阅读的广度。

在对名人传记开展研究之前，教师在评价学生阅读能力方面主要关注对事件的评价，如"文章写了一件什么事？对文中的关键词、难读的句子有什么认识？"等。经过几轮的传记阅读研究，教学水平和教师阅读能力的提高转变了教师命题的思路和角度，评价从碎片化的对单独事件的考查转变为对人物多角度的评价，其中既有对人物品质的理解，也有对人物形象的认识。在对人物进行评价时，教师要求学生既要看到与传主有关的事件，也要看到与传主相关的其他重要人物等，这样对传主的认识会更加立体化。这种命题更加关注学生思维的过程与方法，重在考查学生获取信息、整体感知、形成解释、做出评价的能力，这是教师在评价、考查学生阅读能力上视角的变化。

如学生在深入阅读《西游记》后，教师出示了这样一个题目："你如何认识孙悟空这个人物？"学生经过讨论后获得了对孙悟空这一人物的认识，但这种认识是散点、独立的。教师带领学生将讨论的内容归为这样几项：主要经历、形象变化、其他重要人物，并带领学生重新梳理了孙悟空这一人物形象，这样孙悟空的形象就更加丰满、立体了。然后，教师给学生出示了沙僧、唐僧的形象，让学生从"主要经历、形象变化、其他重要人物"这三个方面来分析人物。由于人是处于发展变化中的，形象不唯一、性格特点也不唯一，用这样的方法分析人物更加科学，得到的人物形象更有血

---

① 莫提默·J. 艾德勒，查尔斯·范多伦. 如何阅读一本书［M］. 北京：商务印书馆，2004（1）. 21.

有肉，更加真实。

教师们在阅读题的命题角度上更加关注人物，由人物而梳理事件、梳理人物之间的关系等，使得对学生阅读视野的考查范围更广，对文本的关注更加深入。学生原来可能只会从一个角度去评价一个人，现在则通过阅读整本书明白了要想全面了解一个人物，需要学会从多种角度来看对方的道理。要答好这类题，学生需要对人物的生活经历有全面了解，准确把握其性格特点，还需要对作者的情感态度及写作意图有深刻理解，这都不是浅阅读所能达到的。这种命题指向学生的高阶思维，关注学生形象思维的深度和逻辑思维的严密度，引导学生真实阅读、深入思考，实现阅读的价值。

第三节 聚焦学校

整本书阅读教学在我校已经实践了三年，不仅在语文学科，而且在数学、英语、科学等学科上都得到应用，为学校开辟了一条全新的课改之路。

整本书阅读推动了教师课程意识和开发能力的增强。整本书阅读教学促进了周边课程的开发，如图书馆课程、戏剧课程等。教师更加注重在与他人的交流中获得解决问题的经验，更加注重研究通过体验性活动解决问题的路径，更加注重有工具、有资源、有评价、有证据的课堂实践。在推行整本书阅读教学的过程中，我校召开10多次“且行且思”分享活动；6次整本书课堂教学年会，300多人次参与；10多名教师沉淀了10万字的实践性资料；3位教师在CN（国内）期刊上发表文章。

课堂教学的变革最终是为了促进学生的发展。下面两张表是学生和家长对学校满意度的调查结果。63.64%的家长认为，学校最具特色和亮点的地方是使学生得到发展，而学生最满意的是课程和教学。由此可见，学校课改成效明显。

表 3–2　学生认为学校最具特色和亮点的工作

工作分类	频次	占比（%）	工作分类	频次	占比（%）	举例
教育教学	27	14.75	课堂教学	8	4.37	我觉得老师的教学方法很好
						教学不错，灵活运用各种方式教导学生
						教学方法好，开放性教学开展得好
			教材课程	7	3.83	开发各种不同的课程
						对课外实践课程很满意
						课外课程丰富多彩
			教师态度	6	3.28	老师态度很好，能很好地培养学生
						老师态度很好，能教育好学生
						老师对学生非常有责任心

表 3–3　家长认为学校最具特色和亮点的工作

工作分类	频次	占比（%）	工作分类	频次	占比（%）	举例
学生发展	105	63.64	学生活动	56	33.94	在课外实践中学以致用
						孩子的课外活动丰富
			兴趣培养	20	12.12	培养课外兴趣
						孩子在学校里培养的业余爱好和特长兴趣很多
			全面发展	15	9.09	在学校得到全面发展
						孩子变得开朗了
			习惯礼仪	12	7.27	文明礼貌
						知道感恩
			学业发展	2	1.21	取得较好成绩
						孩子在学校学习成绩好

整本书阅读推动了学习方式的变革，小组合作学习既关照了学生知识、能力的发展，也促进了学生对知识的自主建构，促进自然愉悦的学习氛围的形成。小组合作学习锻炼了学生整合观点、把零

散的个人观点变成整体的小组观点的能力，使学生的思维能力得以提升。合作学习充分发挥了小组的主体功能，激发学生的积极性，进一步提高他们的学习能力；发挥小组的互动功能，让优秀学生的才能得以施展，进步生得到锻炼，潜能生得到帮助，从而互相促进、共同提高；利用小组的交往机制，培养学生的参与、合作、交流、竞争等现代意识，形成良好的心理品质。现在运用思维导图学习新知、整理复习，借助互动反馈技术进行学习自查自检，使用“学习单”进行阅读记录、记笔记等都成为学生学习的常态，我校学习文化日益饱满。

整本书阅读涵养了教师、学生、家长读书的静气，使书香校园得到建设。学校的外界评价得到提升，北京、甘肃、贵州、广西等同行汲取、应用了我校实践经验，效果明显。我校与“京城好教师”百所联盟校、教育部校长“影子培训”示范校、全国希望工程教师培训站的2000多名同行在分享中一同成长，并被评为海淀区“中小学生阅读素养提升”先进学校。海淀区学校满意度调查结果显示，我校属于学生家长非常满意的学校，满意度高出所在区域平均值2.1分，高出全区平均值3.74分，并呈现逐年上升的态势。

整本书阅读课堂教学，对教师的学科能力和实践性知识提出了更高要求。目前，继续加强评估反馈、改进教学，也是我校教师在今后实践中继续完善和提升的重点。

附录

附录 1 《中国铁路之父：詹天佑传》教学设计

一、《中国铁路之父：詹天佑传》书册名片

（一）推荐版本

责任者	主编：温儒敏 著者：张相宽
出版社	长春出版社
出版时间	2017 年 1 月

（二）内容梗概

《中国铁路之父：詹天佑传》介绍了詹天佑作为中国第一批选派留洋的留学生，12 岁即在美国生活、学习，后在耶鲁大学土木工程系学习铁路专业。学成归国后，他主持修筑了京张铁路；这是中国首条完全由中国人出资、完全由中国工程师主持修建的近代铁路。更为重要的是，他为中国培养了许多年轻的铁路工程师，坚持统一中国铁路路轨标准。而他的爱国主义精神、严谨客观的科学态度、推崇现代化而又汲取传统文化精华的思想理念，也为人们留下了宝贵的财富。

（三）作者简介

张相宽，男，山东大学文学与新闻传播学院博士研究生，主要研究方向为中国现当代文学。

温儒敏，山东大学一级教授，博士生导师，兼任北京大学语文教育研究所所长、教育部聘中小学语文教科书总主编、教育部基础教育专家委员会成员。

二、教学价值

（一）《中国铁路之父：詹天佑传》阅读的可行性

1. 从课内阅读向课外阅读延伸来看

立足课堂，以课内促课外，要做到课内阅读与课外阅读的有机结合，让学生得法于课内，得益于课外，逐步感受语言文字之美，这样学生的文学素养会大大增强，阅读兴趣也会大大提高。《詹天佑》是北师大版教材六年级下册中的一篇讲读课文，是一篇人物传记。教师在课内引领学生感受人物魅力的同时，也激起了学生对詹天佑进一步探究的兴趣。因此，以《中国铁路之父：詹天佑传》一书作为学生的课外阅读书籍是一个很好的补充和提升。

2．"常春藤传记馆"丛书

《中国铁路之父:詹天佑传》是"常春藤传记馆"丛书中的一册。这套丛书由北京大学语文教育研究所组织编写，长春出版社出版。全套丛书初步设定为100种，每本10万字左右，其选目、内容和写法都是为中小学生"量身定制"的。"常春藤传记馆"丛书有四个特色：一是传主覆盖范围广，二是和课程教学有呼应，三是专门为中小学编写，四是内容安排上特别注重励志及健全的人格心理引导培养。因此,《中国铁路之父:詹天佑传》非常适合中小学生阅读。

3．传统文化传承

在课堂上，教师结合詹天佑的人物形象进行教学；在课外，学生阅读詹天佑的人物传记。这样一来，学生能够立体、全方位地了解詹天佑的人物形象。此外，这也是对传统历史人物精神品质的继承和发扬。

（二）《中国铁路之父：詹天佑传》阅读的必要性

1．整本书阅读的必要性

1941 年，叶圣陶在其重要论文《论中学国文课程标准的改订》中对“读整本的书”做了专门论述，明确提出“把整本的书作主体，把单篇短章作辅佐”的主张。“试问，要养成读书习惯而不教他们读整本的书，那习惯怎么养得成？”从叶老的这句话可以看出，叶老重视读整本书是因为读整本书有助于养成读书习惯。具体而言，读整本书可以扩大阅读空间、应用阅读方法、养成阅读习惯。

2．知识积累

通过阅读《中国铁路之父：詹天佑传》，教师可以引导学生完成以下知识积累。

（1）詹天佑。

詹天佑是我国近代科学技术的先驱者之一、伟大的爱国主义者、中国铁路第一人。作为中国铁路事业的先驱者，詹天佑被人们称作中国铁路之父、中国近代工程之父。詹天佑自力更生、发愤图强、不怕困难、艰苦奋斗的精神，是对我国古代科学家、工程师的伟大精神传统和创新才能的继承和发扬，也是留给当代科学技术界的伟大精神遗产。

（2）人物传记。

人物传记是对典型人物的生平、生活、精神等领域进行系统描述、介绍的一种文学形式。作品要求“真、信、活”，以达到对人物特征和深层精神的表达和反映。人物传记是人物或人物资料的有效记录形式，对历史和时代变迁等方面的研究具有重要的意义。①

传主的生平、传主的人格和对传主一生的解释，是人物传记的基本要素。所谓“生平”指的是从出生到死亡完整的一生；人格是个体独具的各种特质或特点的总称，通常被理解为个人的社会倾向性，即气质、性格、兴趣、爱好的综合表现；所谓解释包括对传主的命运做出解释与对其人格的形成和发展、一生中的重大事件和行为、生平中某些特殊的事件做出解释。②

学生通过阅读《中国铁路之父：詹天佑传》，可以把握传记文学真实性和艺术性统一的特点，理解传主的生平、传主的人格和对传主一生的解释三个要素。

（三）《中国铁路之父：詹天佑传》阅读的发展性

1. 能力提升

《中国铁路之父：詹天佑传》作为人物传记的“样本”，能够有效培养学生阅读传记的基本能力。

（1）梳理传主重要人生章节。

传主的生平足迹是传记的基本要素之一。《中国铁路之父：詹天佑传》的编写体例是按照詹天佑一生成长的发展轨迹，分为“幼学之年，负笈重洋”“留学归来，蹉跎七载”“献身铁路，峥嵘岁月”“筑成京张，名扬四海”“大江南北，为路奔走”“洵洵君子，魅力人格”六个时期。在不同时期，詹天佑有着不同的经历和成就，这些经历构成了詹天佑重要的人生章节。教师引导学生抓住传主的重要人生章节，细致梳理传主生平，能有效培养学生阅读传记的基本能力。

① 吴欣歆、许艳．书册阅读教学现场［M］．北京：教育科学出版社，2016：196-197.

② 杨正润．论传记的要素［J］．江苏社会科学，2002（6）：176.

（2）把握传主人格的核心特征。

精彩的人物传记一定能展示传主的人格特征。在梳理传主重要人生章节的基础上把握其人格魅力，是阅读人物传记所需的基本能力。

（3）理解作者对传主人生经历的解释。

作者对传主人生的解释实际上是作者对重要人生章节和内在人格关联性的解释，是作者对于传主为什么会有这样的行为、成就和人格转变的追问与解答。张相宽认为，引导学生探究作者对传主的解释是培养传记研读核心能力的一种好途径。

2. 精神成长

11—12 岁的儿童阅读理解能力逐渐接近成人，阅读人物传记有助于孩子的精神成长。

首先，名人传记真实性比较强，来源于现实，可以让孩子对现实社会有正确的认识和了解，有利于培养孩子正确的价值观。

其次，读传记能够让孩子获得很多人生启示。读一本名人的传记就是在学习一个人的人生经验和智慧。比如阅读《中国铁路之父：詹天佑传》，有利于学生全面了解詹天佑的人生经历，领悟到他那种爱国主义精神和严谨客观的科学态度。

再次，读传记能够帮助孩子树立远大的志向。历观古今中外的圣人、名人、伟人，他们都有远大的志向。古人说“少年养志”，要养志，读名人传记是一个很好的方法。

最后，读传记能够帮助孩子找到人生榜样。榜样的力量是无穷的。如果以古圣先贤、英雄豪杰为榜样，那么这些人物就能够给孩子极大的正面激励。在孩子遇到困难的时候，想想那些伟大人物是如何面对挫折的，孩子就会勇敢地面对挫折；在孩子遇到困惑的时候，也可以从这些伟人的人生中寻找启示，自然就能渡过成长中的难关。

三、学程设计

（一）整体框架

在整个学习过程中，教师引导学生从读好一篇文章开始，到读懂一本书，最终认识一个伟大的人物。学生学习课文《詹天佑》后，对人物、事件有了初步认识，再在课外阅读《中国铁路之父：詹天佑传》，全面了解人物，最终建构起自己对人物的评价。在整个学习过程中，学生还会通过一系列体验性活动习得阅读人物传记的方法。

在课堂教学中，教师引导学生运用思维导图梳理文章内容，抓住主要事件中描写人物的关键语句，对人物形成初步认识。

《中国铁路之父：詹天佑传》以时间为序，介绍詹天佑一生的经历：他 12 岁前往美国生活、学习，通过自己的刻苦努力，最终得以在耶鲁大学土木工程系学习自己喜爱的铁路专业。学成归国后，他参加、主持修筑多条铁路，将自己的毕生精力全部献给祖国的铁路事业，而且为中国培养了许多年轻的铁路工程师，坚持统一中国铁路路轨标准。他的爱国主义精神、严谨客观的科学态度、推崇现代化而又汲取传统文化精华的思想理念为人们留下了宝贵的财富，他不愧为“中国铁路之父”。整本书的阅读过程中安排了两课时的课堂指导。学生在课下完成通读，在梳理完成詹天佑的人生轨迹图后，安排一课时交流，了解人物一生中的重要事件和伟大功绩，再重新组织素材编排《詹天佑新传》目录，对内容进行重构，以便在体验中建构传记阅读策略。而整本书阅读指导课的第二课时，紧扣“为什么称他为中国铁路之父”这一问题，围绕对传主的评价，捕捉整本书部分章节深入细读，以实现以局部精读带动整本书内容梳理的目标。在对整本书阅读的指导中，教师关注到学生阅读中的盲点，通过体验式学习活动，解决学生整本书阅读中的缺陷。

（学程如第二章第四节表 2–2）

（二）课内阅读：《詹天佑》第二课时教学设计

1. 教学目标

（1）结合文本内容中的重点语句，用准确的词语概括詹天佑的科学精神，进一步了解詹天佑是我国杰出的爱国工程师。

（2）拓展阅读补充资料，全面地认识詹天佑，激发阅读《中国铁路之父：詹天佑传》的兴趣。

2. 教学重点

结合文本内容，在交流过程中用准确的词语概括詹天佑的科学精神，进一步认识到詹天佑是我国杰出的爱国工程师。

3. 教学难点

依托文本，用准确的词语对人物进行评价，做到评价时有理有据。

4. 教学准备

演示文稿（PPT）、学习单。

5. 教学过程

（1）课文中的詹天佑——交流思维导图，感受人物精神。

① 小组交流，修改提纲。

承接第一课时学习的内容，即学生用思维导图梳理的文章结构、内容。下面两人一组，交流思维导图中“修筑背景”和“修筑过程”两部分内容，体会詹天佑是一个什么样的人。（设计意图：同学间交流个人学习成果，在小范围内形成思维的碰撞。）

② 分享交流，修正提纲。

请代表来展示思维导图，其他同学听后补充。

预设一：背景——不怕困难→爱国。

詹天佑不怕困难，也不怕嘲笑，毅然接受了任务，开始勘测线路。

面对恶劣的自然条件，詹天佑有信心战胜它；面对帝国主义列强的阻挠要挟，詹天佑同样毫无畏惧。当时的帝国主义列强为什么都要争夺京张铁路的修筑权？结合文本和课外资料了解修筑铁路所面临的艰巨的人为困难，创设一个各国争夺修筑权的情景：

帝国主义者纷纷出面：

有的说："我们的国家有非常先进的修筑机械，这条铁路还是我们来修吧！"

有的说："如果你们执意用本国的工程师，出了任何问题，我们都不再过问。"

有的说："南口以北地势险要，能在这里修建铁路的中国工程师恐怕还没有出世吧！"

帝国主义列强藐视的不仅仅是詹天佑，更是整个中国。如果现在你就是詹天佑，在那一刻，你会怎样回应呢？自由组合为两人组，分角色进行模拟对话，感受詹天佑是一个怎样的人。

在修建的过程中，詹天佑也把国家的荣誉放在第一位。教师有感情地读句子"遇到困难，他总是想：这是中国人自己修筑的第一条铁路，一定要把它修好。否则，不但惹那些外国人讥笑，还会使中国的工程师失掉信心"。为国争光是詹天佑不变的信念，鼓舞他战胜了一个又一个困难。

（设计意图：学生在阅读修筑背景这一部分时，看到的更多的是詹天佑不怕困难的精神，而忽略了詹天佑与帝国主义者之间的抗争。安排模仿对话活动是为了使学生感受传主内心坚定的爱国情怀。）

预设二：勘测线路——认真→一丝不苟、深入实际。

哪里要开山，哪里要架桥，哪里要把陡坡铲平，哪里要把弯度改小，都要经过勘测，进行周密计算。詹天佑经常勉励工作人员说："我们的工作首先要精密，不能有一点儿马虎。'大概''差不多'这类说法不应该出自工程人员之口。"

教师提问学生有哪些表示认真的四字词语，要求学生选择最恰当的一个来描述詹天佑。（备选答案：一心一意、专心致志、聚精会神、全神贯注、兢兢业业、一丝不苟等）

结合文本可以发现，詹天佑对测量工作的要求极为严格甚至苛刻，容不得半点马虎，因此最恰当的词语是"一丝不苟"。

他亲自带着学生和工人，扛着标杆，背着经纬仪，在峭壁上定点、构图。塞外常常是狂风怒号，黄沙满天，一不小心就有坠入深谷的危险。詹天佑不管条件怎样恶劣，始终坚持在野外工作。白天，他攀山越岭，勘测线路；晚上，他就在油灯下绘图、计算。为了寻找一条合适的线路，他常常请教当地的农民。

学生通过词语选择，再次感受詹天佑不怕困难的精神，同时看到詹天佑深入实践、实事求是的工作作风。

教师告诉学生，多么险要的地形、多么恶劣的条件都无法阻止詹天佑前进的脚步，他在心底一次次告诉自己："这是中国人自己修筑的第一条铁路，一定要把它修好。否则，不但惹那些外国人讥笑，还会使中国的工程师失去信心。"（设计意图：组织学生在细读文本的基础上展开交流互动，感受人物品质，反观自己的学习成果，学会用准确的词语评价人物。）

预设三：开凿隧道——不怕困难→学识丰厚。

学生画图讲解开凿隧道的方法，作为工程师，詹天佑表现出来的是他用丰厚的学识解决了困难。（设计意图：动手实践，通过画图的方式了解詹天佑开凿隧道的巧妙之处，了解詹天佑如何用丰厚的学识解决问题。）

预设四：设计“人”字形线路——聪明→富于创新。

教师出示示意图，展示行车路线。

后人评价：“人”字形铁路突破了当时技术的限制，克服了资金不足的问题，在20世纪初便有如此大胆的设计，在中国铁路建筑史上，是一个不小的创举。

（设计意图：让学生通过将动手操作与阅读文字相结合，感受詹天佑的行为表现出来的不是一时的聪明，而是有科学依据的创新精神。）

③ 教师总结。

这些品质是詹天佑作为一个工程师所表现出来的科学精神，所以文中说他是一位杰出的工程师。正是这样的爱国之心和杰出的才干铸就了京张铁路。（教师朗读首尾段）京张铁路也是詹天佑一生中最辉煌的成就。人物传记类课文就是选择了人物最典型的事迹、最突出的品质来组织材料、构成文章的。（设计意图：归纳板书内容，综合提升学生对人物的认识，并使学生感知文章的构成方式。）

（2）历史中的詹天佑——片段拓展阅读，丰富人物认识。

① 过渡：詹天佑一生中还经历过哪些事情呢？

② 分小组阅读、了解詹天佑人生中其他典型事迹。用一句话说说自己读的是詹天佑人生中一件什么样的事，自己又从中看到了一个怎样的詹天佑。

（设计意图：拓展阅读，引导学生从多角度认识人物，感受更真实的詹天佑。）

（3）推荐阅读《中国铁路之父：詹天佑传》。

出示人物传记和阅读记录单。（设计意图：从课内阅读延伸到课外阅读，拉开阅读整本书的序幕。阅读记录单见第二章第四节表 2–3。）

（三）重点指导：《中国铁路之父：詹天佑传》阅读指导课一

1. 教学目标

（1）梳理詹天佑的人生轨迹，复现书中的重要事件。

（2）创编目录，重新建构对整本书故事的理解。

2. 教学重点

梳理詹天佑的人生轨迹，复现书中的重要事件。

3. 教学难点

重新编组目录，建构对整本书故事的理解。

4. 教学过程

（1）我眼中的詹天佑。

出示学生代表的阅读记录单，回顾阅读的经历，发现不同学生读书进度不同，对人物的评价也不尽相同。

（2）图说詹天佑的人生轨迹。

① 要求学生在组内交流各自绘制的詹天佑人生轨迹图。（示例见第二章第四节图 2–2）

② 小组交流。（流程见第二章第四节图 2–1）

③ 以一个组为代表，在全班交流。

（3）创编新目录。

① 读过詹天佑的故事后，你最佩服他哪一点？

每个人以《××× 的詹天佑》为题目编一本《詹天佑新传》。在课堂上根据需要先创编目录。

② 出示《苏东坡传》等传记类图书的目录，小组交流，讨论

作者是按照怎样的思路编排目录的。

③ 请大家围绕自己设定的新书名编辑目录。

（小提示：设计目录时要注意线索清晰、字数相近、结构相似、词句讲究。）

（4）深度阅读作业。

① 编写故事图示。

② 练习讲故事。

（小提示：依据故事提示厘清脉络，抓住重要情节详细讲述，语言生动、有感染力。）

（四）难点突破：《中国铁路之父：詹天佑传》阅读指导课二

1. 教学目标

（1）借助体验式学习活动梳理传主人生中的重要事件，了解称詹天佑为“中国铁路之父”的原因。

（2）在与单篇课文的比较中梳理阅读整本书的体验，初步了解阅读传记的基本策略。

（3）撰写颁奖词，整体输出阅读感受，树立人生榜样。

（4）继续阅读科学家传记，在新的阅读实践中应用阅读方法。

2. 教学重点

借助实践活动梳理传主人生中的重要事件，了解称詹天佑为“中国铁路之父”的原因。

3. 教学难点

逐步建构阅读传记的基本阅读策略。

4. 教学过程

（1）因何称詹天佑为“中国铁路之父”。

① 导入：上节课大家梳理制作了詹天佑人生轨迹图，了解了他一生中的重要事件。这节课我们继续走近詹天佑。（板书传主姓名）

出示封面：请你读读世人对詹天佑的评价（中国铁路之父），解释“中国铁路之父”是什么意思？（板书：中国铁路之父）

② 样例引路，探究原因。

为什么说詹天佑是中国铁路第一人呢？他对铁路建设有哪些贡献呢？

请大家一同浏览第 160 页第一自然段。（板书：第一部标准。）

主要贡献有：一是主持编制了《京张铁路工程标准图》。内容包括京张铁路的桥涵、轨道、线路、山洞、机车库、水塔、水鹤、房屋、客车、车辆限界等，共计 49 项标准。这是中国历史上第一部铁路工程技术标准规范。它的制定和实施，不只是推动和加强了京张铁路的工程建设，同时也为其他铁路的修筑提供了可资借鉴的质量标准。

大家再一同浏览第 161 页原文。（板书：绿化。）

四是重视铁路两旁的植树绿化。当我们乘坐列车在全国各地奔波忙碌或者旅游消闲时，可能对于旅途的遥远而感到烦闷无聊，此时如果列车的窗外有各色绿植可能会使烦闷的心情一扫而光。其实，远在 100 多年前，当詹天佑修建京张铁路的时候，他就想到了这一点。詹天佑曾经陈述过铁路两旁植树绿化的各种好处：“尝考正道两旁植树，利益甚溥，约举数端，可得大概：根荄密布，巩固堤身，可免雨水冲刷之患，一也；绿荫夹道，葱青宜人，足壮观瞻，二也；夏季行车其间，清风徐来，炎威顿减，调剂炭养，有益卫生，三也；产生木材，质佳者可作枕木、桥梁，次者可造器具，劣者可作机车引火之用，四也；木料供本路应用外，售其羡余，亦可获利，五也。”从修筑京张铁路时起，在铁路两旁种植绿植的做法就被人们继承下来。现在，当我们被铁路两旁的美景所陶冶时，也许我们应该对我们的铁路工程师之父詹天佑说一声谢谢。

③ 自主发现。

詹天佑还有哪些创举？书中还有哪些体现他作为“中国铁路第一人”贡献的事迹？请阅读相关章节，用思维导图记录自己的发现。先在小组内讲述自己的发现，再全班交流。

④ 全班形成共识。

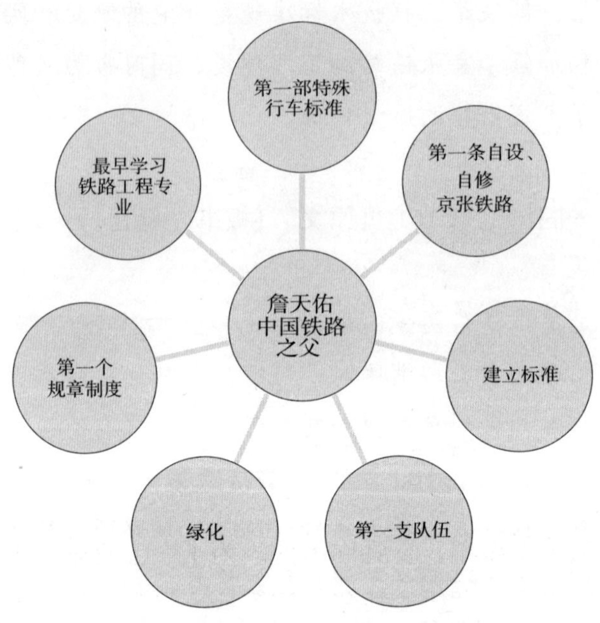

⑤ 总结，升华认识。

他，就是为中国铁路事业开启了一个新的时代、为中国铁路事业描绘了宏伟蓝图的工程技术界一代宗师——詹天佑。

（2）梳理整本书阅读收获，初步建构传记阅读基本方法。

① 导入：我们阅读了单篇课文《詹天佑》后，对詹天佑的重要贡献有所了解，接着阅读了整本《中国铁路之父：詹天佑传》。对比单篇课文《詹天佑》，你阅读《中国铁路之父：詹天佑传》整本书时，有哪些不同的收获？根据示例填写下表。

	单篇课文	整本书
收获 1	一件事	一生多件事情
收获 2	大致了解	来龙去脉
收获 3	一角	全面
收获 4	工作	学习、家庭、工作
……		

② 自由发言。

（3）为詹天佑写颁奖词。

① 导入：在了解为中国铁路事业做出开创性贡献的詹天佑的一生后，同学们被他的卓越贡献和高尚品格感动，请你为詹天佑写一段颁奖词。

② 样例引路。

袁隆平当选《感动中国》2004 年度人物颁奖词。（见第二章第四节引文）

屠呦呦当选《感动中国》2015 年度人物颁奖词：青蒿一握，水二升，浸渍了千多年，直到你出现。为了一个使命，执着于千百次实验。萃取出古老文化的精华，深深植入当代世界，帮人类渡过一劫。呦呦鹿鸣，食野之蒿。今有嘉宾，德音孔昭。

③ 自主写颁奖词。

④ 全班交流。

自主阅读某位科学家的传记，完成阅读卡。

推荐科学家传记图书目录。（见第二章第四节引文）从中选择阅读某位科学家的传记，完成人物传记阅读卡。（见第二章第四节表 2–4）

（高晓、蒋丽、王忠慧提供教学设计）

附录2 《民族魂——鲁迅传》教学设计

一、《民族魂——鲁迅传》书册名片

（一）推荐版本

作者	陈漱渝
出版社	漓江出版社
出版时间	2012年8月

（二）内容梗概

1881年9月25日，鲁迅在被称为“报仇雪耻之国，历史文物之邦，名人荟萃之地，山清水秀之乡”的浙江绍兴呱呱坠地。他的童年是在一个败落的封建家庭中度过的。他原名周树人。祖父周介孚，仕途充满坎坷。父亲周伯宜，长年卧病在家。母亲鲁瑞是乡下人，思想比较开通。在家庭败落的过程中，少年鲁迅看透了上流社会人物的虚伪与堕落，对于封建科举制度的吃人罪恶有了切身的感受。鲁迅6岁入私塾，他大胆地对旧传统、旧习俗产生了怀疑。12岁去“三味书屋”读书，其间发生了一些趣事。17岁的鲁迅携带一只网篮、一个铺盖卷，以及仅有的8元川资，告别了垂泪相送的母亲，到南京去上不须学费的学校。在南京，鲁迅先考入江南水师学堂，在这个乌烟瘴气的学校待不下去，半年后转而投考江南陆师学堂附设的矿路学堂，最后以优异的成绩毕业，并被派往日本学习。

1902 年 3 月，鲁迅乘远洋海轮从南京转到上海东渡日本。鲁迅首先选择了科学救国的道路。他把最新的科学成果“镭”等介绍给国人，后又去仙台学医，受幻灯片事件的刺激从仙台医专退学，来到东京从事文艺活动。在此期间鲁迅先生找到了想要一生从事的事业。他在东京从事“新生”运动，拟筹办《新生》杂志未果。由于家庭的需要，1909 年鲁迅回国，在浙江两级师范学堂任教，后又到教育部任职。在此期间，鲁迅发表《狂人日记》《阿 Q 正传》等有影响力的作品，参与了多次与旧官僚的斗争。后因形势严峻南下广州、厦门等地，最后在上海定居。在上海期间鲁迅以笔代戈，从事着他救人先医心的救国之路。1936 年 10 月 19 日，鲁迅先生与世长辞，各界人士闻讯而来，悼念鲁迅先生。

书中还记叙了鲁迅先生帮助许多热爱文艺的青年，参加进步团体，与共产党人、外国作家交往的事迹……

（三）作者简介

陈漱渝，祖籍湖南长沙，1941 年生于四川重庆。1962 年毕业于南开大学中文系。曾任语文教师，1976 年调入北京鲁迅博物馆至今，历任副馆长、鲁迅研究室主任，二级研究员。全国政协第九、十届委员及文史资料委员会委员、信息特邀员，中国作协第五、六届全国委员会委员，第七届名誉委员，《鲁迅全集》修订编委会副主任，中国鲁迅研究会、中华文学史料学会、中国丁玲研究会副会长，中国现代文化研究会学术委员。1959 年开始发表作品。1982 年加入中国作家协会。著有《鲁迅与女师大学生运动》《鲁迅在北京》《鲁迅史实新探》《许广平的一生》《民族魂——鲁迅的一生》《中国民权保障同盟》《鲁迅史实求真录》《宋庆龄传》《亲情·乡情·风情——一个大陆人看台湾》，论文集《五四文坛鳞爪》《披沙简金》，学术随笔《甘瓜苦蒂集》《倦眼蒙眬集》等，主编《鲁迅论争集》等数十种著作，参与编注《鲁迅全集》《郭沫若文集》。

（四）地位

《民族魂——鲁迅传》是我国著名鲁迅研究专家陈漱渝集数十年研究积累，在考察以往鲁迅研究成果优劣得失的基础上写就的。本书不是孤立地看待鲁迅其人其事，而是从其所处的时代、环境以及其身边的亲友入手认识他，力求在描述鲁迅形象时，做到全面、不夸张、不神化鲁迅其人其事，将其作为一个普通人去关照，既彰显他不屈不挠、对敌人“横眉冷对”的一面，也关照他自己的喜好、爱情和家庭生活，力求保证真实性；不盲从现有的关于鲁迅的评论，也不轻易下任何判语，对一些有争议之处（比如鲁迅与周作人的关系），不偏袒、不妄议，力求做到客观。《民族魂——鲁迅传》从多角度、多层面再现鲁迅的经历、生活、思想、作品，值得关注鲁迅、研究鲁迅的人阅读、参考。

二、《民族魂——鲁迅传》教学价值

（一）《民族魂——鲁迅传》阅读的可行性

《民族魂——鲁迅传》这本书小学生是有能力阅读的。阅读中，鲁迅的人物形象是由课内阅读向课外阅读延伸的桥梁。阅读《民族魂——鲁迅传》有助于学生进一步了解鲁迅事迹。

1. 从课内阅读向课外阅读延伸来看

以课内阅读促进学生课外主动阅读，让学生得法于课内，得益于课外，逐步感受语言文字之美，学生的文学素养会大大增强，阅读兴趣也会大大提高。《我的伯父鲁迅先生》是北师大版语文教材六年级上册中的一篇讲读课文，属于人物传记。课文通过回忆伯父鲁迅先生生前给自己留下深刻印象的几件事，表明鲁迅先生是一个爱憎分明，为自己想得少、为别人想得多的人，表达了作者对鲁迅先生无比的怀念、热爱与敬仰之情。教师在课内引领学生感受人物魅力的同时，也激起了学生对鲁迅进一步进行探究的兴趣。以《民族魂——鲁迅传》作为学生的课外阅读读物是对教学很好的补充和提升。

2. 从传记作者来看

《民族魂——鲁迅传》是我国著名鲁迅研究专家陈漱渝经过数十年研究积累，在考察以往鲁迅研究成果优劣得失的基础上写就的，考据严谨、质量优秀。

3. 从内容来看

本书原是在《北京青年报》连载成篇的作品，面向大众，语言是纯现代白话文。作者较为客观地看待鲁迅其人其事，并将之与时代背景相联系，以时间顺序为轴，重要事件为内容，向读者清晰地描述了鲁迅的一生。

（二）《民族魂——鲁迅传》阅读的必要性

阅读《民族魂——鲁迅传》对于六年级的学生是必要的，也是非常有意义的。阅读《民族魂——鲁迅传》有助于学生完成以下知识积累。

1. 鲁迅

（1）文学方面：鲁迅作品题材广泛，形式灵活多样，风格鲜明独特，语言幽默。在他 55 年的人生中创作的作品，体裁涉及小说、杂文、散文、诗歌等。有《鲁迅全集》二十卷 1000 余万字传世。在中华人民共和国成立后，其多篇作品被选入中小学语文教材，对新中国的语言和文学教育有着深远的影响。

（2）思想方面：鲁迅的杂文成就颇高，他的思想在他的文学作品（主要是杂文）中得到了体现。

（3）革命方面：鲁迅以笔代戈，奋笔疾书，战斗一生，被誉为“民族魂”。“横眉冷对千夫指，俯首甘为孺子牛”是鲁迅一生的写照。

2. 人物传记

人物传记是对典型人物的生平、生活、精神等领域进行系统描述、介绍的一种文学形式。作品要求“真、信、活”，以达到对人物特征和深层精神的表达和反映。人物传记是人物或人物资料的有效记录形式，对历史发展和时代变迁等方面的研究具有重要的意义。

学生通过阅读《民族魂——鲁迅传》，可以把握传记文学真实性和艺术性统一的特点，理解传记作品中传主的生平、人格和对传土人生的解释这三个要素。

3. 做好衔接，为将来学习鲁迅的作品进行铺垫。鲁迅的作品晦涩难懂，小学阶段先了解鲁迅其人其事，有利于之后中学阶段逐步了解鲁迅的作品

4. 北师大版小学语文六年级上册第五单元有课文《我的伯父鲁迅先生》。了解鲁迅其人其事，有助于对课文内容、主题的把握，进而深切感受人们对鲁迅的爱戴以及鲁迅的伟大

（三）《民族魂——鲁迅传》阅读的发展性

阅读人物传记不仅有助于小学生精神的成长，也有利于培养学生阅读整本书，尤其是阅读人物传记能力的提升。

1. 整本书阅读对语文教学以及学生阅读能力提升的影响

（1）扩大阅读空间。

教材上的课文目前大部分是单篇短章。只读课本上的文章，就容易局限在小规模阅读之中，读整本书的时候会无从下手，难以把握。学生若没有整本书阅读的实践，就难以养成良好的阅读习惯，

也就很难自行学会阅读。读整本的书可以使学生对于各种文体都略有了解，都尝到一点味道。这样遇见其他的书，也就不会望而却步了。

（2）应用阅读方法。

记叙、说明、抒情、议论这几种文体在整本的书中基本上都会有所涉及，读整本书可以训练学生阅读各种文体的能力。学生在某一时期专读某一本书，心志可以变得专一，相关讨论也可以进行得比较彻底。读整本的书，不但可以练习精读，同时又可以练习速读。在课内获得的精读的方法，可以在整本书阅读的过程中有意、无意地得到应用，有利于学生获得个性化的阅读体验，积累更多的阅读经验，以便养成更好的阅读习惯。

（3）养成阅读习惯。

学生要养成阅读习惯，除了需要有足够的阅读时间和阅读实践以外，培养阅读兴趣也很重要，尤其是在小学阶段。整本书阅读能够激发阅读兴趣，给学生带来阅读的成就感，对学生阅读习惯的养成有着特殊的作用。

2. 整本书阅读促进学生精神成长

（1）强健精神。

书籍负载着文化。在阅读的过程中，学生自然会受到文化的熏染。品味的语言越多，接受的文化越丰富，学生受到的影响也就越大。在阅读中发展了语言能力，拓宽了思维，学生就开阔了视野，能够与古代的先贤对话，获得精神的愉悦。而这种愉悦又能使学生对民族文化和民族性格有更多的体悟，文化的因子就会由此进入学生的血脉之中。拥有独特的价值观念，学生就能形成独特的文化人格，就不会迷失在纷乱繁杂的社会中。精神的强健带来的将是对世界的洞察，是对人生的了悟。

（2）提升境界。

前面提到，学生在品味语言、发展语言能力的过程中能够获得智慧、获得人生的经验，在学习语言的过程中也能够以古鉴今、推己及人。也就是说，在整本书阅读的过程中，必然包含智育和德育的因素，并且这两种因素是始终伴随语言学习过程，须臾不可分的。无论就语言所承载的内容而言，还是就语言本身而言，都具有不可抗拒的美的因素。语言承载的美与语言本身的美被学生分享、接受时，学生的审美水平就会不断提升。正所谓“智育使人智慧，智育与美育在一起，使人大智大慧。德育使人醒悟，德育与美育在一起，使人大彻大悟”。

学生在获得语言能力的过程中，能够发现自我、获得自立。可以说，学生发展语言的过程，就是获得新的生命的过程。为了人生境界的提升，为了生命的完美而进行阅读，可以使学生的境界得到极大提升。换言之，整本书阅读要能够提升学生的人生境界，能够使学生拥有更完美的人生。

三、学程设计

（一）整体框架

教学阶段	主要内容	教学资源	设计意图
通读	读整本书	章节阅读，午休答疑	引领学生读完整本书。
重点突破	梳理人生轨迹图	人物大事年表	再次阅读整本书，梳理鲁迅人生事迹，学习阅读传记的方法。
实地参观	鲁迅博物馆	实践活动学习单	有目的、带问题参观，将实地参观与书本阅读结合。
难点突破	理解“民族魂”的含义	课堂指导	帮助学生理解“民族魂”的含义，进一步理解鲁迅先生。

（二）教学设计

1. 教学目标

（1）结合重要事件，描述鲁迅先生的品格。

（2）初步感知“民族魂”的含义。

2. 教学重点

结合重要事件描述鲁迅先生的品格。

3. 教学难点

初步感知“民族魂”的含义。

4. 教学过程

（1）罗列重要事件：填写好鲁迅的求职简历，进行汇报。（求职简历模板如下表）

<table>
<tr><td>姓名</td><td>周树人</td><td>性别</td><td>男</td><td>出生年月</td><td>1881 年 9 月</td><td>籍贯</td><td>浙江绍兴</td></tr>
<tr><td colspan="8">社会兼职（备注：除了主要工作，在其他团体兼任的工作）</td></tr>
<tr><td>何年</td><td>何地</td><td colspan="6">何团体</td></tr>
<tr><td></td><td></td><td colspan="6"></td></tr>
<tr><td colspan="8">学习经历</td></tr>
<tr><td>何年</td><td>何地</td><td colspan="6">何学校</td></tr>
<tr><td></td><td></td><td colspan="6"></td></tr>
<tr><td colspan="8">工作经历</td></tr>
<tr><td>何年</td><td>何地</td><td colspan="6">何处做何事</td></tr>
<tr><td></td><td></td><td colspan="6"></td></tr>
</table>

续表

主要作品		
何年	何地	何作品

（2）人生重大节点的五件事。

① 自己选定五件对鲁迅人生产生重大影响或有转折意义的大事。

② 小组内分享、交流、讨论出小组认同的五件大事。

③ 推举一人全班分享，阐述理由。事件举例如下表。

时间	地点	事件内容
1904 年	仙台	仙台医学院学习
1906 年	东京	东京从事文艺活动
1918 年	北京	《狂人日记》发表
1927 年	上海	定居上海专事文艺
1930 年	上海	任中国左翼作家联盟盟主

教师随机点拨：请你在五件事中选择感兴趣的一两件事读一读，结合内容说说它们共同反映出鲁迅先生的哪些品质？（有观点、有理由）

④ 在 PPT 上出示章节，让学生总结、汇报自己认为鲁迅先生拥有的品质。（出示的章节如下）

第四章　浮槎东渡 15—20 页

到达日本后，鲁迅首先进入了位于东京牛込区的弘文学院，这所学院是为中国留学生准备投考正式的专门学校而设立的，鲁迅选修的是日本语和“速成普通科”。当时，鲁迅经常跟友人讨论下列三个相关的重大问题：一、怎样才是最理想的人性？二、中国国民性中最缺乏的是什么？三、中国国民性的病根何在？为了逐步解决这些问题，鲁迅首先选择了“科学救国”的道路。

1904年4月，鲁迅从弘文学院毕业。当时，原矿路学堂选派的留日学生大多想挤进东京帝国大学工科所属的采矿冶金科，而鲁迅却偏偏申请进入位于日本东北部的仙台医学专门学校。他通过阅读史书，知道了日本维新是大半发端于西方医学的事实，于是决定不学开矿而改学医学，以便卒业归国救治像他父亲似的被庸医所误的病人的疾苦，战争时候便去当军医，同时又可以促进国人对于维新的信仰。同年5月23日，仙台医专决定免试接纳鲁迅为该校的第一名外国留学生。

由于“幻灯事件”的刺激，（鲁迅）毅然决定中断学医，改用文艺为武器进行革命的启蒙宣传。他当时认为，治疗人民的精神麻木症是比治疗他们的疾病更为紧要的事情，因此他毫不犹豫地从振兴中华的需要出发，重新选择了自己的志愿和生活道路。他要拿起文艺的听诊器，去诊察时代的脉搏、社会的病变；他要操起文艺的解剖刀，去戳穿敌人的痈疽，治愈人民的病瘼，对此，藤野先生为鲁迅不能成为医生而感到惋惜，他把自己的照片送给鲁迅作为留念，并深情地在后面写道：“惜别。藤野谨呈周君。”

1906年3月15日，鲁迅正式从仙台医专退学。他告别了峰峦重叠的青叶山和流水清清的广濑川，从枫叶如丹的仙台回到樱花烂漫的东京，开始了他的文艺活动。

第九章　为前驱者呐喊 41—46页

这篇题为《狂人日记》的小说，以其思想的深刻和格式的特别，为中国新文学奠定了第一块基石，像号角一样震醒了封建“铁屋子”里沉睡的人们。

第二十四章 盟主和他的战友 122—127页

1930年3月2日下午，上海北四川路窦乐安路中华艺术大学的一间大教室里聚集着四十多位左翼作家。中华艺术党支部组织的一些进步学生，警惕地在教室外执行着巡逻任务。中国现代文学史上第一个由共产党领导的全国性革命文学团体——中国左翼作家联盟就在这里成立了。此后，鲁迅作为左联公认的盟主，高擎着团结战斗的大旗，率领着一大批年轻勇敢的文艺战士长驱猛进，用鲜血写出了中国无产阶级革命文学历史的新的一页。

（3）写一写自己眼中的鲁迅。

学生汇报，教师提炼关键词，写板书。

示例：作家陈漱渝在序言中是这样评价鲁迅的（PPT 呈现）。

你在文坛的崇高地位，不仅仅取决于你是一位作家，而首先取决于你是一位战士。中国历史上涌现的作家粲若繁星，但荷戟执戈、毕生战斗的首推“鲁迅”。你跟重于磐石的黑暗势力搏斗，跟人类灵魂深处的丑陋面搏斗，跟自身的弱点、局限乃至缺点、错误搏斗。在你看来，面对压迫要斗争，对敌宽容是纵恶。你的铮铮铁骨是支撑中华民族的擎天梁柱。

（4）初步了解“民族魂”。

教师总结：鲁迅先生被称为中华民族的“民族魂”，那么民族魂是什么？鲁迅先生所代表的“民族魂”又是什么呢？在日后的学习中我们可以从他的作品、传记、相关研究文章中继续品读鲁迅先生，品读先生那深入骨髓的“民族魂”！

5. 板书设计

民族魂——鲁迅传

事件　　爱国精神

事件　　斗争精神

事件　　关心青年

（刘秀利提供教学设计）

附录 3 《杜甫传》教学设计

一、《杜甫传》书册名片

（一）推荐版本

作者	冯至
出版社	人民文学出版社
出版时间	1980 年 3 月

（二）内容梗概

冯至的《杜甫传》于 1952 年 11 月首次出版，引起广泛的影响。这本传记讲述了杜甫一生的经历，包括他的创作、他的生活。著者在前记中写道："这部传记的目的是要把我们祖国第八世纪一个伟大的诗人介绍给读者，让他和我们接近，让我们认识他在他的时代里是怎样生活、怎样奋斗、怎样发展、怎样创作，并且在他的作品里反映了些什么事物。"全书目录如下：

（三）作者简介

冯至（1905—1993 年），诗人、学者。原名冯承植，字君培，河北省涿县（今涿州市）人。1927 年毕业于北京大学德文系，曾先后任教于哈尔滨靠前中学、北平孔德学校。1930—1935 年留学德国，先后就读于柏林大学和海德堡大学，研究文学和哲学，获博士学位。回国后历任上海同济大学教授，西南联合大学教授，北京大学西语系教授、系主任。中国社会科学院外国文学研究所研究员、所长、名誉所长，中国作家协会副会长，中国外国文学学会会长，中国德语文学学会会长等。著有诗集《昨日之歌》《北游及其他》《十四行集》，散文集《山水》，中篇小说《伍子胥》，论著《论歌德》《杜甫传》等，被鲁迅称赞为“中国最杰出的抒情诗人”。

二、《杜甫传》教学价值

（一）《杜甫传》阅读的可行性

1. 课内阅读向课外阅读的延伸

立足课堂，以课内促课外，让学生得法于课内，得益于课外。《房兵曹胡马》是北师大版小学语文五年级上册教材中的一首诗歌，作者是杜甫。这首诗作于开元二十八年（740年）或开元二十九年（741年），正值诗人漫游齐赵、裘马轻狂的一段时期。在文中，作者以诗歌表达自己面对当时境遇的态度和报效国家的雄心壮志，记叙了自己生命中的一段经历。学生在学习这首诗歌时，对杜甫产生了浓厚的兴趣。要更真实、全面地认识杜甫，阅读《杜甫传》将会成为一种很好的补充。

2.《杜甫传》版本

冯至的《杜甫传》这部人物传记约15万字，篇幅较短，相较于长篇幅的文本，学生阅读起来难度较小。作者冯至是中国文学研究家，治学严谨，所著《杜甫传》抒情而不恣情，凝练而不怪异。这本传记力求每句话都有根据，不违背历史。作为对伟大诗人杜甫增加多角度认识的补充读物，冯至先生的《杜甫传》是适合学生仔细阅读的。

（二）《杜甫传》阅读的必要性

阅读《杜甫传》对于五年级的学生是必要的，也是非常有意义的，有助于学生完成以下知识积累。

1. 传主杜甫

杜甫作为唐代伟人的现实主义诗人，与李白合称“李杜”，在中国古典诗歌中的影响非常深远，被后人称为“诗圣”。他的诗具有丰富的社会内容、强烈的时代色彩和鲜明的政治倾向，真实深刻地反映了“安史之乱”前后的政治时事和广阔的社会生活画面，被称为“诗史”。杜甫虽然在世时名声并不显赫，但在后世声名远播，对中国文学和日本文学都产生了深远的影响。杜甫共有约1500首诗歌被保留下来，大多集于《杜工部集》。杜甫对后人的影响还体现在道德方面。20世纪，美国现代诗人雷克斯罗斯认为杜甫所关心的是人与人之间的爱、人与人之间的宽容和同情，认为杜甫是有史以来在史诗和戏剧以外的领域里最伟大的诗人，在某些方面他甚至超过了莎士比亚和荷马。杜甫忧国忧民的思想，胸中的远大抱负是学生们要关注、学习的。

2．人物传记的知识

人物传记是对典型人物的生平、生活、精神等领域进行系统描述、介绍的一种文学形式。作品要求“真、信、活”，以达到对人物特征和深层精神的表达和反映。学生阅读《杜甫传》，在充分了解传主的基础上，能够认识到人物传记的特性。

3．古诗词与生活

杜甫是我国历史上屈指可数的几位伟大的诗人中的一位，由于对祖国与人民充满热爱，他写出了许多反映与批判现实的不朽诗篇。这部传记记录了杜甫在不同时期创作的不同诗词，学生阅读传记、阅读杜甫的诗词，实际是在阅读杜甫的一生。将杜甫的诗按照不同的阶段梳理排列，实际上是在梳理他的生活轨迹与情感表达，因为生活是创作的源泉。

(三)《杜甫传》阅读的发展性

1．能力提升

通过阅读《杜甫传》，学生能够获得阅读传记的基本能力，如梳理传主的作为与作品，了解传主的性格特色。

本书共 13 章，一方面梳理了杜甫一生的境遇，展现了在不同境遇下杜甫的所作所为，特别是诗歌创作的情况，给读者展示了杜甫的性格特色；另一方面，从书中，人们又能看到一个热爱生活、珍视生命、充满抱负的爱国诗人杜甫的形象。阅读指导时引导学生抓住传记的主要章节来梳理人物的性格、行为和作品，能有效培养学生阅读传记的基本能力。

2. 精神成长

阅读人物传记有助于学生的精神成长。

传记文学文本可以把历史和现实中伟大英雄和杰出人物的真实形象展示在人们面前，鼓舞和激励人们奋发向上。好的传记本身就富有教益，可以为学生提供学习楷模。

读一本名人的传记就是在学习一个人的人生经验和智慧，在阅读人物传记时，学生能够体会传记主人公伟大的人格精神。通过传记阅读，可以逐渐培养学生自尊自爱、诚实正直、有恒心、有进取心等素质；培养他们经得起挫折、在逆境中成才的坚强信念。人物传记具有教育和激励功能，能够帮助学生树立远大的志向。

三、学程设计

（一）整体框架

《杜甫传》的阅读过程可以按照以下几个步骤推进：首先通读全书，完成各章节的学习任务，梳理杜甫的人生轨迹和杜甫在人生各阶段创作的重要诗篇，启发学生去了解杜甫的各个阶段所创作的有代表性、有影响的作品，了解作品的大意和写作背景，并产生思考；其次，开展班级读书交流会，以阅读竞赛的形式引导学生梳理传主的人生经历、探究他在各个时期的代表性作品以及这些作品反映的思想内容，从中体会杜甫爱国爱民的进步思想和用诗歌生动真实地反映历史的成就，完成重点突破；最后小组汇报阅读成果，实现阶段发展。下表为《杜甫传》教学设计整体框架。

教学阶段	主要内容	教学资源	设计意图
通读指导	学生通读全书，完成学程任务，教师讲解重点，解决学生阅读中遇到的难点，并处理学程中出现的问题。	章节阅读学程	根据学程指导，关注书中的重要信息，引导思考。
内容统整	开展班级读书交流会。	书册	完成个性化的学习任务，梳理杜甫的人生经历以及不同时期的代表性作品。
重点突破	鉴赏杜甫不同时期的重要作品。	杜甫从读书和漫游期到漂泊终老期的作品	从杜甫的作品内容上，理解杜甫忧国忧民的情怀，体会杜甫的精神品质。
成果展示	各小组汇报阅读成果，交流学习，教师点拨，学生理解阅读人物传记的方法。	读书成果	通过展示交流，表达自己的阅读成果以及自己对作品的理解感悟。

下表为《杜甫传》衔接课整体框架。

教学阶段	主要内容	教学资源	设计意图
初识人物	让学生聊一聊自己知道的杜甫，根据自己对杜甫的印象写出关键词并进行分类。	学生整理杜甫的资料	发散思维，总结从不同方面了解人物的方法。
复习古诗	让学生背一背学过的杜甫的诗。	学过的杜甫的诗	复习杜甫的诗。

续表

关联作品	让学生想一想这些学过的诗歌是杜甫在人生中哪个阶段创作的。	工作纸：杜甫的人生阶段和生活状态介绍	通过把杜甫的资料及作品关联起来，促进学生思维发展。
走近人物	出示没有学过的杜甫的诗，让学生填写这首诗写于杜甫的哪个人生阶段。推荐阅读《杜甫传》。	工作纸：《自京赴奉先县咏怀五百字》 《杜甫传》	学习并掌握通过阅读作品去了解人物的方法。激发学生阅读《杜甫传》的兴趣。

（二）《杜甫传》衔接课

1．教学目标

（1）复习小学阶段学习的杜甫创作的古诗。

（2）学习并掌握通过阅读一个人的作品去了解这个人物的方法。

（3）通过对杜甫的资料及作品进行分类和关联，促进学生思维发展。

（4）激发学生了解杜甫的兴趣，引导学生阅读《杜甫传》。

2．教学重点

激发学生了解杜甫的兴趣，引导学生阅读《杜甫传》。

3．教学难点

学习并掌握通过阅读一个人的作品去了解这个人物的方法。

4．教学过程

（1）聊一聊你所知道的杜甫。

① 写关键词。

问题：这学期，我们学了杜甫的《房兵曹胡马》这首古诗，背一背。

说到杜甫，你能够想到什么？在纸上写出关键词，贴到黑板上。（预设答案：李白、美景、诗圣、诗史、长安、爱国、唐朝、古诗）

② 对这些关键词进行归纳整理，总结从不同方面了解人物的方法。

作品。（略）

生平经历：李白、长安、唐朝。

思想：爱国、忧国忧民。

评价：李杜、诗史、诗圣。

成就：现实主义。

小结：我们要了解一个作家，可以从他的主要作品、生平经历、思想、评价、成就等方面去了解。而人物的生平经历、思想、别人对他的评价等往往又是通过作家的作品反映出来的。我们可以通过追踪杜甫的作品去了解杜甫、走近杜甫。

（2）背一背学过的杜甫的诗。

教师引导：回忆一下，我们都学过杜甫的哪些诗。学生背诵。（根据学生的背诵情况）对学生想不起来的诗出示画面进行提醒。

（3）想一想，这些诗写在杜甫人生的哪个阶段。

① 教师引导：你知道吗，杜甫的一生颠沛流离，他的一生主要经历了这样几个阶段，他在不同阶段的生活状态也是不一样的。

② 投影出示人生阶段。

③ 教师提问。

A. 想一想，我们学过的这些古诗可能写于杜甫人生的哪个阶段呢？完成下面的学习单上的任务。（自学提示如下。想一想：这些古诗可能创作于杜甫的哪个人生阶段？画一画：你是通过资料中的哪些内容来进行判断的？将之圈画出来。填一填：把古诗的题目填在学习单中相应的杜甫人生阶段后面。）

人生时期	生活状态	主要作品
读书和漫游 (34岁之前)	20岁时，杜甫开始漫游吴越，五年之后归洛阳应举，不第，之后杜甫又漫游齐赵。后来在洛阳遇李白，两人相见恨晚，结下了深厚友谊，继而又遇高适，三人同游梁、宋（今开封、商丘）。后来李杜又到齐州（今山东济南一带），分手后又相遇于东鲁（今山东省），再次分别。青年杜甫所处的环境使他过着裘马轻狂的生活。杜甫在他十年的漫游里，游历了不少秀丽和雄伟的山川，许多健劲的诗句从他的笔下涌出。在动物里他特别喜爱鹰和马，他用它们比喻战斗的生活和崇高的品质。	
困居长安 (34—43岁)	这一时期，杜甫先在长安应试，落第。当朝宰相李林甫为了达到权倾朝野的目的，竟然向唐玄宗说无人中举，参加考试的士子全部落选。科举之路既然行不通，杜甫为实现自己的政治理想，不得不转走权贵之门，奔走献赋，但都无结果。他郁郁不得志，仕途失意，过着贫困的生活。他客居长安十年，看到了统治者的骄奢（shē）淫（yín）逸，也看到了百姓的苦难生活。天宝十四载，杜甫被授予一个叫河西尉的小官，但杜甫知道县尉这个官职需要逢迎官长、鞭打人民，他不愿意任此官职，朝廷就将他改任右卫率府兵曹参军（低阶官职，负责看守兵甲器杖，管理门禁锁钥）。其间他创作了许多作品来反映当时的民生疾苦和政治动乱，揭露统治者的丑恶行径，表达自己忧国忧民的思想。	
陷贼和为官 (44—46岁)	安史之乱爆发，潼关失守，杜甫把家安置在鄜州（今陕西富县），独自去投肃宗，中途被安史叛军俘获，押到长安。他面对混乱的长安，听到官军一再败退的消息，写成了许多描写当时人民饱受战乱之苦的诗。当时他与亲人分离，彼此杳（yǎo）无音信。后来他潜逃到凤翔，做左拾遗。由于忠言直谏，他被贬华州司功参军。其后，他用诗的形式把见闻真实地记录下来。他的这些诗贴近战乱中的人民生活，表现了时代的苦难，成为他不朽的作品。	

续表

人生时期	生活状态	主要作品
西南漂泊（47—58岁）	随着九节度官军在相州（河南安阳一带）大败和关辅饥荒，杜甫弃官，携家人随人民逃难，经秦州（今甘肃天水秦州区）、同谷（今甘肃康县一带）等地，到了成都。在严武等人的帮助下，在城西浣（huàn）花溪畔，建成了一座草堂，世称“杜甫草堂”，也称“浣花草堂”。杜甫在这里终于有了一个栖身的处所，他亲身经历了多年的饥寒，如今暂时得以休息，于是自然界中的一切生物，都引起了他的兴趣。他在这个时期写了不少歌咏自然的诗。这时海内多难，各处的小军阀割据地方，日趋跋（bá）扈（hù），成都的武人也是如此，他们出入锦城，有的宾朋满座，有的无恶不为。为了生计，他不得不和这些人周旋。后来他被严武荐为节都，全家寄居在四川奉节县。广德二年（764年）春，严武再镇蜀，杜甫才又回到草堂，此前漂泊在外将近两年。严武推荐杜甫做了检校工部员外郎，后人又称杜甫为杜工部。不久杜甫辞了职。这五六年间，杜甫寄人篱下，生活依然很贫苦。严武入朝，蜀中军阀作乱，他漂流到梓州（今四川三台县）、阆（làng）州（今四川东北部）。后来严武为剑南节度使摄成都，杜甫投奔严武，严武死后，他再度漂泊，在夔（kuí）州（今重庆市北部）住了两年，继而又漂流到湖北、湖南一带，最后病死在湘江上。	

B. 下面我们再来读一首没学过的诗。（出示《自京赴奉先县咏怀五百字》）想一想，这首诗写在杜甫人生的哪个阶段？读读这首诗和诗歌的释义，你觉得这首诗可能写在杜甫的哪个人生时期？填在学习单上。

投影设计：

自京赴奉先县咏怀五百字（节选）

暖客貂（diāo）鼠裘（qiú），悲管逐清瑟。

劝客驼蹄羹（gēng），霜橙压香橘。

朱门酒肉臭（xiù），路有冻死骨。

释义：皇宫内供客人保暖的是貂鼠皮袄，朱弦、玉管正演奏着美妙的乐章。劝客人品尝的是驼蹄羹汤，香橙、金橘，都来自遥远的南方。那朱门里啊，富人家的酒肉飘散出诱人的香气；这大路上啊，冻饿而死的穷人有谁去埋葬！

小结：借助表格，从这几首诗中，我们了解到杜甫在不同的时期、不同的生活状态下，有着不同的情感和思想，因而创作出了许多不同的作品。可见，生活是杜甫创作的源泉，也是我们每一个人写作的源泉。

（4）推荐阅读《杜甫传》。

教师总结：这节课，我们通过对杜甫作品的分析，推理出了杜甫的人生经历,对杜甫有了简单的了解。如果想更深入地了解杜甫，推荐大家阅读冯至先生所写的《杜甫传》。杜甫一生中创作了许多诗歌，流传下来的就有1400多首。《杜甫传》中详细记载了杜甫在不同时期的经历和作品，相信大家读完之后一定会有更多的感受。希望同学们借助这张表格去阅读《杜甫传》，走近这位伟大的诗人和他不平凡的一生。

（三）杜甫的进步思想与成就——《杜甫传》整本书阅读

1. 教学目标

（1）学生通过阅读《杜甫传》理解杜甫爱民爱国的进步思想及成就，进而体会诗人杜甫的伟大，使学生的精神获得成长。

（2）通过本节课的学习，引导学生发散思维，学会多角度阅读，从不同方面汲取书中的营养。

2. 教学过程

（1）兴趣导入，引发思索。

教师导入语：我们大家都有这样一个常识：凡是被树碑立传的人物，都是具有卓越成就的人。杜甫就是这样一个人。我们读完了《杜甫传》，了解了他的一生，不仅知道他的非凡成就，还知道他的成就是多方面的。如果让你用几个词语或一句话来评价赞美他，你会怎么说？

（板书：________________________的杜甫）

学生思索。

教师：我猜想，答案会多种多样。今天这节课上完之后，我相信你们对杜甫的认识会更深刻。到那时我们再来填这个空，相信你们对他的认识会更精彩。

（2）学生课前活动任务：制作杜甫的人生轨迹图。

学生边读边做阅读笔记，梳理杜甫的人生经历，把书上的13个阶段进行重组，从各个角度梳理杜甫的一生。

学习单提示：按年龄段梳理，如五年或十年。

按人生转折梳理。

按居所的变动梳理。

……

（3）课上活动任务：师生共同梳理杜甫的人生阶段。

34岁之前：读书漫游时期。

34—43岁：困居长安时期。

44—46岁：流亡为官时期。

47—58岁：漂泊终老时期。

（4）读杜甫的诗作，联系当时的社会背景体会杜诗中忧国忧民的进步思想。

① 课前活动任务一。

学生按书上的目录找出杜甫各个阶段所创作的有代表性、有影响的作品1—2篇，了解作品的大概意思和写作背景。

② 课前活动任务二。

根据所收的作业，师生共同选出4首杜甫在人生中重要时期创作的主要作品，再次预习。（使用下面的学习单）

时期	有影响的诗作	时代背景	诗作主要内容

③ 课上交流。

教师：昨天我们从书中选取了四首杜甫在不同人生阶段的代表作，每人抽取一首做了预习。现在请大家看看自己抽到的那首诗在哪一阶段，将之标注在自己的学习单上。

学生在学习单上标注。

教师：你们抽到的诗都写了什么内容呢？从这些诗中你们还能读出什么？下面我们边汇报边探究。

杜甫的经历和诗歌创作主要可以分为如下四个时期。

A. 读书和漫游时期。(34 岁以前)

所谓“放荡齐赵间，裘马颇清狂”。开元年间杜甫（时 20 岁）开始漫游吴越，五年之后归洛阳应举，不第。之后杜甫漫游齐赵，后来在洛阳遇李白，两人相见恨晚，结下了深厚友谊，继而又遇高适，三人同游梁、宋（今开封、商丘）；后来李杜又到齐州（今济南一带），分手后又遇于东鲁（今山东省），再次分别。这便是“诗仙”与“诗圣”的最后一次相见。

此时期杜甫在诗作《望岳》中写道:“会当凌绝顶,一览众山小。”本句描绘了泰山雄伟磅礴的气象。句意:我一定要登上泰山的顶峰,俯瞰众山，而众山就会显得极为渺小。

而《房兵曹胡马》中描写骏马的名句如下：

所向无空阔，真堪托死生。骁腾有如此，万里可横行。

句意：这马奔驰起来，从不以道路的空阔辽远为难，骑着它完全可以放心大胆地驰骋沙场，甚至可托生死。拥有如此奔腾快捷、堪托死生的良马，真可以横行万里之外，为国立功了。

教师让学生思考：通过这两首诗，你读出了什么呢？（预设答案：诗人描写了泰山雄伟磅礴的气象，抒发了自己勇于攀登、傲视一切的雄心壮志，展现了蓬勃向上的朝气。诗人向往登上绝顶的壮志，表现出一种敢于进取、积极向上的人生态度。）

教师板书：歌颂山河，远大理想。接着引导学生思考：这么雄壮、豪情满怀的诗句是在什么样的生活情境下写就的？（家里很富裕，生活安定无忧。）当时整个国家呈现出什么状况？（国家太平，社会富庶。）用哪一个词可以概括那个时期的国力？（此时板书：繁荣昌盛。）

过渡语：杜甫怀揣着干一番大事业的理想来到当时的国都长安，一住又是十年。在这十年里，他写的诗并不是很多，只有几十首，但有几首特别著名。我们来看杜甫人生中第二个阶段创作的那篇作品。谁抽到了这篇诗作，请起立。

B. 困居长安时期。(34—43 岁)

这一时期，杜甫先在长安应试，却落第了。当朝宰相李林甫为了达到权倾朝野的目的，竟然向唐玄宗说无人中举。后来杜甫向皇帝献赋，向贵人投赠，过着“朝扣富儿门，暮随肥马尘，残杯与冷炙，到处潜悲辛”的生活，最后才得到右卫率府兵曹参军（主要是看守兵甲器杖、库府锁匙的小官）的职位。其间他写了《兵车行》《前出塞》《丽人行》等批评时政、讽刺权贵的诗篇。而《自京赴奉先县咏怀五百字》尤为著名，标志着他经历十年在长安的困苦生活后对朝廷政治、社会现实的认识达到了新的高度。玄宗在 751 年正月八日到十日接连举行了三个盛典，杜甫借此机会写成了三篇《大礼赋》献上，玄宗因此令他待制集贤院，但他并未得到重用。

此时期他有诗作《自京赴奉先县咏怀五百字》。

全诗整体上可分为三大部分：第一部分主要叙述了杜甫有着为国家社稷、为劳动百姓奉献一生的伟大志向，却在现实中空怀理想、无法实现的愁苦。第二部分主要描述了统治者和下层老百姓天差地别的生活，鞭挞统治者的奢靡，同情老百姓的疾苦。第三部分则主要写了自己幼子饿死的不幸遭遇，并感叹其他百姓的生活更加悲惨。

经典诗句。(诗句中提到貂鼠裘，驼蹄羹，霜橙、香橘，让学生理解这些生字生词。)

凌晨过骊山，御榻在嵽嵲。蚩尤塞寒空，蹴蹋崖谷滑。瑶池气郁律，羽林相摩戛。君臣留欢娱，乐动殷胶葛。赐浴皆长缨，与宴非短褐。

暖客貂鼠裘，悲管逐清瑟。劝客驼蹄羹，霜橙压香橘。

这是君王、大臣与百姓天差地远的生活状况。关于上流社会的生活状况，杜甫在《丽人行》里也写了。达官贵人尽情享受各种珍品，不需爱惜；以唐玄宗为首的政府要员沉湎于歌舞酒色，穷奢极欲、荒淫无耻，却不理朝政。而民间生活是什么状态呢?

彤庭所分帛，本自寒女出。鞭挞其夫家，聚敛贡城阙。

(丝帛一丝一缕都出于女工之手，朝廷却用横暴鞭挞的方式攫夺来。)

所愧为人父，无食致夭折。岂知秋禾登，贫窭有仓卒。
生常免租税，名不隶征伐。抚迹犹酸辛，平人固骚屑。

（句意：我好歹是个官，享有特权，既不服兵役，又没有交租纳税的负担，还免不了这样悲惨的遭遇，那平民百姓的日子啊，就更加辛酸。）

默思失业徒，因念远戍卒。忧端齐终南，澒洞不可掇。

（想想失去土地的农民，已经是倾家荡产；再想想远守边防的士兵，还不是缺吃少穿。忧民忧国的情绪啊，千重万叠，高过终南山，浩茫无际，又怎能收敛！）

教师升华：百姓流尽血汗、受尽剥削压迫，落得个冻死、饿死的结局，已痛苦不堪。因此，杜甫在诗歌中大声疾呼：

朱门酒肉臭，路有冻死骨。荣枯咫尺异，惆怅难再述。

（那朱门里啊，富人家的酒肉飘散出诱人的香气；这大路上啊，冻饿死的穷人有谁去埋葬！相隔才几步，就是苦乐不同的两种世界；人间的不平事，使我悲愤填胸，不能再讲！）

教师引导学生思考：

a. 荣枯咫尺异。这苦乐不同的两种世界让你发现了什么？（统治集团的腐败、社会的黑暗、人民的痛苦。作者通过这首诗既写了个人的困苦，又写了民间的疾苦，还写了统治集团的腐败及荒淫无耻。作者在这一时期还写了大量同类型作品，其中都反映了这些内容。）

b. 猜想一下，这样的腐败会造成什么后果？（可能造成暴乱。这预示着唐朝潜伏着深刻的社会危机。）

c. 诗人想表达什么思想呢？为国担忧，为民诉苦。

总结：如果用一个词来概括这个时期的社会？（板书：腐败

黑暗。)

C. 陷贼和为官时期。(44—46 岁)

756 年，杜甫离开长安，而此时唐玄宗已怠于政事，沉湎于酒色歌舞，穷奢极欲。政事则先后委于宰相李林甫、杨国忠。李林甫口蜜腹剑、勾结宦官、嫉贤妒能。他掌权 19 年，政治日益黑暗。他死后，杨贵妃的族兄杨国忠为相。杨国忠结党营私、贿赂公行，政治更加黑暗。朝廷直接掌握的军事力量也大为削弱，代替府兵的军队缺乏训练，战斗力差，无论数量、质量都远逊于节度使手下的军队。此时唐又与吐蕃、南诏多次发生战争。唐军攻南诏屡败，天下骚然，国力虚耗。杜甫根据十载长安生活和这次途中的见闻，敏锐地察觉到国家的危机已迫在眉睫。

安史之乱爆发后，潼关失守，杜甫把家安置在鄜州（今陕西富县），独自去投奔肃宗，中途为安史叛军俘获，押到长安。他面对混乱的长安，听到官军一再败退的消息，写成《月夜》《春望》《哀江头》等诗歌。后来他潜逃到凤翔行在，做左拾遗，又由于上书为宰相房琯说话而被贬华州（房琯善慷慨陈词，是典型的知识分子，但不切实际，与叛军战，采用春秋阵法，结果大败，肃宗问罪。杜甫始为左拾遗，上书言房琯无罪，肃宗怒，欲问罪，幸得脱）。其后，他用诗的形式把他的见闻真实地记录下来，成为不朽的作品，即“三吏”“三别”。

此时期杜甫创作的诗歌有《悲陈陶》，写的是唐军大败，四万兵将一日战死的悲惨景象，其中还写了两种人的反应：一种是胡兵胜利狂欢，另一种是长安人民失声痛哭。

孟冬十郡良家子，血作陈陶泽中水。野旷天清无战声，四万义军同日死。群胡归来血洗箭，仍唱胡歌饮都市。都人回面向北啼，日夜更望官军至。

句意：初冬时节，从十几个郡征来的良家子弟，一战之后鲜血都洒在陈陶水泽之中。蓝天下的旷野现在变得死寂无声，四万名兵士竟然在一日之内全部战死。野蛮的胡兵箭镞上滴着善良百姓的鲜血，唱着人们听不懂的胡歌在长安街市上饮酒狂欢。长安城的百姓转头向陈陶方向失声痛哭，日夜盼望唐朝军队打回来，恢复昔日的太平生活。

教师引导：

a. 诗中描写的这场战争发生在什么时候？（答案：安史之乱爆发后。）杜甫在长安时已经洞悉了唐朝潜伏着深刻的危机。正像杜甫预料的那样，政府腐败、社会黑暗就会导致国家出现危机、人民承受灾难。“安史之乱”是唐朝各种社会矛盾的总爆发，持续了七年多。

b. 安史之乱七年多的时间里，唐朝变成了什么样？（政治上，统治集团的力量削弱，对外抵制不住外族侵略。经济上，由于连年战乱，生产力大大降低，政府对人民的剥削反倒有增无减，致使社会贫困的现象一天比一天严重。）杜甫的人生也因此到了另一个转折点。（读第 55 页。）

杜甫写这首诗想告诉我们什么呢？（板书：战争给人民带来灾难，使人民家破人亡。）战乱给人民带来的灾难多深重，官吏多残暴，人民境况多悲惨，杜甫都真实地记录在他著名的诗作“三吏”“三别”中，这里不多讲，同学们有兴趣可以课下探究。

如果用一个词来概括这个时期的社会？（板书：国破家亡。）

D. 西南漂泊时期。（47—58 岁）

随着九节度官军在相州（今河南安阳一带）大败和关辅饥荒，杜甫弃官，携家随人民逃难，经秦州（今甘肃天水秦州区）、同谷（今甘肃康县一带）等地，到了成都，在朋友严武的帮助下，过了一段比较安定的生活。后来严武入朝，蜀中军阀作乱，他漂流到梓州（今四川三台县)、阆州（今四川东北部)。后严武为剑南节度使摄成都，杜甫投往严武处，严武死，他再度漂泊，在夔州（今重庆市北部）住了两年，继而又漂流到湖北、湖南一带，最终病死在湘江上。这个时期，其作品有《春夜喜雨》《茅屋为秋风所破歌》《蜀相》《闻官军收河南河北》《登高》《登岳阳楼》等大量名作。其中最为著名的诗句为："安得广厦千万间，大庇天下寒士俱欢颜。"而《登高》中的"无边落木萧萧下，不尽长江滚滚来"更是千古绝唱。

杜甫一生坎坷，终不得志，贫病而卒，流浪而终。

此阶段诗歌有《岁晏行》：

岁云暮矣多北风，潇湘洞庭白雪中。渔父天寒网罟冻，莫徭射雁鸣桑弓。

去年米贵阙军食，今年米贱大伤农。高马达官厌酒肉，此辈杼轴茅茨空。

楚人重鱼不重鸟，汝休枉杀南飞鸿。况闻处处鬻男女，割慈忍爱还租庸。

往日用钱捉私铸，今许铅锡和青铜。刻泥为之最易得，好恶不合长相蒙。

万国城头吹画角，此曲哀怨何时终?

译文：年终时候遍地飒飒北风，潇湘洞庭处在白皑皑的飞雪中。天寒冷到冻结了渔父的渔网，莫徭人射雁拉响桑弓。去年米贵缺乏军粮，今年米贱却严重地伤害农民。骑着大马的达官贵人吃厌酒肉，百姓穷得织机、茅屋都扫空。楚人喜欢鱼虾不愿吃鸟肉，你们不要白白杀害南飞的孤鸿。何况听说处处有人卖儿卖女，来偿还租庸。过去用钱严禁私人熔铸，今天竟允许铅锡中掺和青铜。刻泥的钱模最容易取得，但不应让好钱坏钱长时间混淆！各地城头都在吹起号角，这样哀怨的曲调几时才能告终？

这首诗每四句诉说一种人民的痛苦，这样的诉说也是对统治阶级的控诉。

教师引导学生总结：

a. 这首诗写于什么时候？（答案：安史之乱结束以后。）

b. 这时唐朝是什么样的一番景象？（答案：时局仍一片混乱。藩镇割据，军阀混战，各种苛捐杂税名目繁多。）

c. 杜甫通过这首诗要告诉我们什么？（板书：人民的苦难更加深重了。）

（5）总结、概括杜甫一切从国家和人民利益出发的爱国爱民的进步思想和用诗歌生动真实反映历史的成就。

教师激励学生：四首诗我们粗略地读完了。现在又一个挑战来了，你们能行吗？

① 要求学生填空。

杜甫一生写了____首诗，流传下来____首，这些诗涉及的内容极广，有政治、经济、军事、社会上的种种矛盾。

② 小组讨论：根据这四首诗所写的内容和时代特征，再联系《杜甫传》中各个时期的其他作品，思考以下问题：

从杜甫这一生的思想倾向上，你看出了什么？（答案：忧国忧民。）

从国家、社会的角度看，你发现了什么？（答案：国家的兴衰。）

③ 教师总结：杜甫从到长安开始，看到了统治阶级的腐化和人民的痛苦，看到了社会上的种种矛盾，更加同情劳苦大众。他在思想上发生了很大的变化，逐渐认识了社会的黑暗，开始用诗歌反映人民的疾苦，揭露封建社会种种不合理的现象，成了一位忧国忧民的诗人，这是在同时期的很多作家身上所看不到的。多么难能可贵！他感受了国家的灾难、人民的疾苦和个人的悲剧，他很痛苦，但痛苦越深，爱国爱民的感情也越深，写诗也就更为努力，创作出

许多千古传诵的好诗，影响了无数后世文人，赢得了广大人民的敬爱。他这些诗生动而真实地反映了那个时代政治、经济、军事和社会生活的巨大变化，让我们了解了那个时代的真实状况，因此杜诗也被称作“诗史”。他的诗歌是留给后人的宝贵的精神财富，是他做出的卓越贡献之一。

（6）总结提升。

教师：回过头来，此时的你，想用什么样的语言来赞美、评价杜甫？

学生自由回答。

教师总结：① 这节课我们又一次走近杜甫，对他有了更深刻的认识。你一定有很多话要说，写写你此刻的想法。② 读书，可以快读，一目十行地读，但有时不能读懂，收获自然也就不大。有时读书需要仔细读才行。抓住不懂的地方仔细读，一遍不行两遍、三遍，越读就越能读出其中的味道来。希望我们以后像今天这样细读、深读好的书籍，这样的收获不言自明。

（四）板书设计

读书和漫游时期（34 岁以前）745 年及以前

繁荣昌盛　颂山河　树理想

困居长安时期（34—43 岁）746—755 年

腐败黑暗　为国担忧　为民诉苦

陷贼和为官时期（44—46 岁）756—758 年

国破家亡　战争灾难

漂泊到终老时期（47—58 岁）759—770 年

国敝民穷　灾难加重　民不聊生

（赵辉、高晓、袁笠馨等提供教学设计）

附录 4 《老舍——新中国第一位“人民艺术家”》教学设计

一、《老舍——新中国第一位“人民艺术家”》书册名片

（一）推荐版本

责任者	主编：张亮 编著：曼子
出版社	团结出版社
出版时间	2013 年 1 月

（二）内容梗概

老舍出生在北京的一个旗人家庭，父亲死后，家中没有稳定的经济来源，靠母亲做活儿生活，生活越来越贫困。童年的生活经历，对他日后的文学创作产生了巨大影响。在师范学校毕业后，老舍当过校长、老师，经历过“五四运动”。之后他去英国伦敦做讲师，在英国期间，他共创作发表了长篇小说三部：《老张的哲学》《赵子曰》《二马》。英国的教书生涯使老舍成为一名合格的作家。回国后，一代文学大师在山东崛起，老舍迎来了创作的高峰期：《月牙儿》《骆驼祥子》相继问世。在抗战烽火中，他提笔战斗，创作《四世同堂》，之后又赴美讲学、著书。在接到文艺界友人的信后，他再次回到祖国，潜心写作，被北京市政府授予“人民艺术家”称号，

并发表《茶馆》。在“文革”的浩劫中，老舍不堪受辱，悲剧地终结了一生。本书以老舍的文学作品为主线来展开叙述，书中有部分作品精彩片段的节选，以及部分作品的内容梗概。

（三）传主简介

舒庆春(1899年2月3日—1966年8月24日),字舍予,笔名老舍,满族正红旗人，生于北京，中国现代小说家、著名作家，杰出的语言大师、人民艺术家,新中国第一位获得“人民艺术家”称号的作家。著有长篇小说《小坡的生日》《猫城记》《牛天赐传》《骆驼祥子》等，短篇小说《月牙儿》等，短篇小说集《赶集》《蛤藻集》等。老舍的文学语言通俗简易、朴实无华、幽默诙谐，具有较强的北京韵味。

老舍是中国现当代文学史上最伟大的作家之一。清朝末年，他出生在北京的一个满族旗人家庭。老舍的父亲是一名守护皇城的护卫，在八国联军入侵北京时不幸阵亡。父亲死后，家中没有了稳定的经济来源，又适逢中国连年战乱，老舍一家的生活越来越贫困。童年的这段生活经历，对老舍日后的文学创作产生了极大的影响，在他的所有文学作品中，读者都可以感受到一种悲天悯人的人道主义情怀，一种对大众真正发自心底的同情。

老舍的作品大多取材于市民生活。他善于描绘城市贫民的生活和命运，尤其擅长刻画浸透了封建宗法观念的保守落后的中下层市民在民族矛盾和阶级搏斗中、在新的历史潮流冲击下惶惑、犹豫、寂寞的矛盾心理和进退维谷、不知所措的可笑行径。对于自然风光色彩鲜艳的渲染和对于习俗人情细致入微的描摹也增添了老舍作品的生活气息和情趣。在现代文学史上，老舍的名字总是与市民题材、北京题材密切联系在一起的。他是现代中国文坛上杰出的风俗、世态（尤其是北京的风土人情）画家。作为一位大家，他所反映的社会现实可能不够广阔，但在他所描绘的范围之内，他却把历史和现实（从一年四季的自然景色，不同时期的社会气氛、风俗习惯，到三教九流各种人物的喜怒哀乐、微妙心态）结合在一起，有声有色、生动活泼，形成一个完整丰满、“京味”十足的世界。这是老舍在现代文学史上做出的特殊贡献。

二、教学价值

(一)《老舍——新中国第一位“人民艺术家”》阅读的可行性

《老舍——新中国第一位“人民艺术家”》这本书非常适合小学生阅读。老舍的人物形象是由课内阅读向课外阅读延伸的桥梁。

(1) 在学习完《草原》一课后，通过老师的介绍，学生对老舍先生以及他的文学作品产生了极大的兴趣。基于此，教师为学生推荐了本书。

(2) 本书约13万字，适合四年级学生阅读，在尊重史实的基础上，用生动细腻的语言讲述了老舍的生平事迹。

(3) 书中配有丰富的资料图片和精美的插图，可以激发学生的想象和阅读兴趣。书中以“知识链接”的形式解读书中知识点，便于学生积累知识、开阔视野。书后的“生平大事年表”清晰呈现全书脉络，便于学生厘清思路。

(二)《老舍——新中国第一位“人民艺术家”》阅读的必要性

榜样的力量是无穷的。好的榜样使我们产生积极的思想、正确的行为、良好的心态、完善的人格。对于四年级的学生来说，树立了榜样就等于找到了自己前行的方向。老舍先生正是一个很好的榜样人物。

1. 读老舍传记，理解“京味文化”

老舍是“京味小说”的源头。北京文化孕育了老舍的创作，而老舍笔下的市民世界又最能体现北京的人文景观，甚至成为北京的一种文化史象征。老舍小说中的小吃、建筑和语言都是当下挖掘和开拓北京文化的重要源泉。对于一些从小成长在北京的孩子来说，读老舍的传记，有助于理解京味文化的深刻内涵。

2. 读老舍传记，激发爱国情感

老舍的另一个特点是表现出鲜明的反帝爱国情感。老舍的作品中往往直接揭露帝国主义的侵略罪行，从不同侧面描写它们的经济、文化、宗教渗透和种族歧视带给中国人民的种种伤害。学生读老舍传记，在汲取文学营养的同时，更受到了爱国主义教育。

3. 读老舍传记，品味语言魅力

老舍的作品语言风格十分突出，辨识度很高，其语言雅俗共赏。此书中所引用的老舍的《赵子曰》《二马》《骆驼祥子》等名作名篇，都凸显了老舍的语言特色。此外，书中引用的《老张的哲学》充满了幽默色彩，能激发学生的阅读欲望和兴趣。

4. 立足课内外，多方面了解人物

中小学语文课本选取了许多老舍的作品，如《猫》《养花》《草原》等，不同作品表现了老舍不同的性格侧面。读老舍传记，有助于学生全方位、立体地了解老舍的形象。

（三）《老舍——新中国第一位“人民艺术家”》阅读的发展性

1. 能力提升

在小学语文教材中，基本全是单篇课文。如果把与课文相关的篇章引入开展整本书阅读，不仅能有效地增加学生的阅读量，而且有助于扩大学生的阅读空间。

学生通过读这本书，会对老舍先生有更深入的了解和全方位的认识；通过读这本书，大多数学生能够养成良好的阅读习惯，在阅读的过程中学到一些阅读方法，并学会用阅读工具辅助阅读，拓宽阅读量和阅读面。

在阅读过程中，学生将逐渐发展自己的语言能力。小学阶段是发展语言能力的重要阶段，随着年龄的增长，学生的表达方式将逐渐从口语表达向书面语表达过渡。整本书阅读能够让学生接触足够丰富的语言形式，有利于学生根据自己的喜好进行吸收。整本书阅读让学生有机会见到自己喜爱的语言形式，而学生会不自觉地模仿自己喜欢的表达方式。

在教学实践中有一个有趣的现象，就是如果学生在某一个阶段读某位作家的作品，他们的日记或作文中就会出现模仿这位作家的痕迹。这种模仿不是有意识的，而是潜移默化的结果。学生如果接触大量的经典作品，就能够让语言能力进一步发展。这种发展效果持久，其成果在将来的学习道路上也不会遗失，能够为学生的成长提供营养。

2. 精神成长

学生可以在阅读中思考，在思考的过程中获得自己的观点。阅读是发展学生思维的重要方式。学生能通过大量阅读获得大量信息，并且与自身观点对照，通过反思使自己的思想不断成熟。

学生在接触语言文字、发展语言能力的过程中能够获得智慧、获得人生的经验，也能够以古鉴今、推己及人。这指的是，在整本书阅读的过程中，必然包含智育和德育的因素，它们是始终伴随着语言学习过程的。如果某本书能把智育、德育、美育完美地结合在一起，学生在阅读的过程中就有可能获得人生境界的提高。

三、学程设计

（一）整体框架

《老舍——新中国第一位“人民艺术家”》一书的阅读过程可以按照以下几个步骤推进：首先，通读全书，完成分章节的学程任务，关注老舍在人生各阶段的生活状况，启发学生对老舍的人生经历、人生选择和人格特征做出思考；其次，开展班级读书交流会，以阅读竞赛的形式引导学生梳理传主的人生经历、作品成就、人生中的重要人物、精神追求；再次，梳理、鉴赏老舍不同时期的重要作品，从中体会老舍对人民的关心和同情，完成重点突破；最后，各小组汇报阅读成果，实现阶段发展。

教学阶段	主要内容	教学资源	设计意图
通读指导	通读全书，完成学程任务；教师讲解重点，解决阅读中遇到的难点，并解决学程中出现的问题。	章节阅读学程	根据学程指导，关注书中的重要信息，进行思考。
内容统整	开展班级读书交流会。	无	完成个性化的学习任务，梳理老舍的人生经历、重要作品、人生中的重要人物等内容。
重点突破	梳理、鉴赏老舍不同时期的重要作品。	第3—7章	通过老舍的作品，理解老舍对穷苦人民发自内心的关心和同情，体会老舍的精神品质。
成果展示	各小组汇报阅读成果，展开交流；教师点拨，使学生理解传记文学作品的阅读方法。	无	通过展示汇报，表达自己的阅读成果，对如何阅读传记文学作品有自己的理解。

（二）教学设计

1. 教学目标

（1）通过罗列老舍不同时期的作品，体会老舍创作风格的多样性。

(2) 通过阅读传记中的作品选段，感受老舍对人民生活的关注与同情，以及他深厚的爱国主义情感。

(3) 通过阅读传记，多角度理解传主。

2. 教学过程

(1) 导入。

老舍是新中国第一位“人民艺术家”，这个称号是非常了不起的，并不是每一位作家都能被称为艺术家。这节课，让我们一起走近这本书，走近老舍。(展示老舍的人生轨迹图。)

(2) 梳理老舍作品。

请学生以新中国成立为时间节点，按照新中国成立前后这两个时期，对以下老舍作品创作于哪个时期进行判断，并且说出理由。

《赵子曰》、《小坡的生日》、话剧《茶馆》、《牛天赐传》、话剧《方珍珠》、《大明湖》、《樱海集》、《蛤藻集》、《老牛破车》、《赶集》、话剧《龙须沟》、散文《济南的冬天》、《离婚》、《月牙儿》、《骆驼祥子》、《二马》、《老张的哲学》、《四世同堂》、《猫城记》、《我这一辈子》、《国家至上》、《大地龙蛇》、《残雾》、未完成的巨作《正红旗下》、快板《女儿经》、《鼓书艺人》。

创作形式

新中国成立之前	新中国成立之后

(3) 用颜色表示心情。

要求学生阅读书中引用的几部作品的选段或梗概，读完后把白己的心情用某种颜色表示出来，涂在下表中的心形里。

作品	心情颜色
《离婚》	♡
《月牙儿》	♡
《骆驼祥子》	♡
《四世同堂》	♡

（4）“我来写颁奖词”。

假设要把诺贝尔文学奖颁给老舍，请你仿照这几个例子给老舍先生写一写颁奖词。

技不在高，而在德；术不在巧，而在仁。医者，看的是病，救的是心，开的是药，给的是情。“扈江离与辟芷兮，纫秋兰以为佩”。你是仁医，是济世良药。（20年来坚持每周出诊6天的百岁仁医胡佩兰的颁奖词。）

少年时寻见光，青年时遇见爱，暮年到来的时候，你的心依然辽阔。一生追随革命、爱情和信仰，辗转于战场、田野、课堂。人民的敬意，是你一生最美的勋章。（守护开国将军梦想、全心全意为群众服务的革命老人龚全珍的颁奖词。）

（5）“我来写感悟”。

学完课文《草原》，你对老舍有了哪些了解？学完这本传记之后，你对老舍又有了哪些更深入的了解？

读《草原》	读传记
我知道了____	我知道了____

（曹璐提供教学设计）

后　记

《读名人传记　树远大理想》一书终于完稿了。本书是北京教育学院附属海淀实验小学全体教师近三年辛勤工作的成果，更记录了学校自主发展、建设的真实足迹。在祝贺我校教师的同时，我在此对多年以来关心和支持我校发展的北京教育学院领导、北京教育学院人文与社会科学学院院长吴欣歆教授等专家深表谢意。是你们给予了我校理论支撑和实践指导，是你们给予了我校不断自主发展的勇气和信心。

这里特别要向吴欣歆教授致谢。她沉浸式的陪伴，不间断的追问与鼓励，给予了我校语文团队坚持改进自身的勇气，给予学校自主发展的力量。她学术功底深厚，做事严谨务实，待人真诚温暖，使得学校的干部、教师都喜欢向她请教。她是我走上校长岗位九年多来的重要伙伴。如今她既是我敬重的学者，也是我志同道合的工作伙伴。

本书的出版是继《行走静悄悄——田村中心小学语文课例研究与课堂教学改进》一书后，记述近三年学校课改情况的一部力作。它的出版将使学校的语文学科课改方向更加明晰，继续引领学校向成为“面向未来的优质学校”这一目标前进。

本书是全体语文教师，特别是中高年级语文教师辛勤劳动的结晶。参加各章节编写的有：第一章，王忠慧、高晓；第二章，王忠慧、韩红敏、蒋丽、第三章，王忠慧、高晓。

为本书提供稿件并得到采用的教师有刘秀利、曹璐、李琰、赵辉、丁玉茹、李根荣、王洪波等。

在本书即将出版之际，我要向所有为学校语文整本书阅读教学推进做出贡献的教职员工、学生及家长表示深深的敬意，向在本书编写过程中付出辛勤劳动的老师们表示诚挚的谢意！正是你们的付出，使得我们的学校充满活力与希望，激励我们不断向上，不断向更美好的未来前进。

王忠慧

2019 年 2 月